ÜBER DIE

ENTWICKLUNG DER KOMPENSATION IM RÖMISCHEN RECHTE

VON

DR PAUL KRETSCHMAR
A. O. PROFESSOR AN DER UNIVERSITÄT GIESSEN

LEIPZIG
VERLAG VON VEIT & COMP.
1907

ÜBER DIE

ENTWICKLUNG DER KOMPENSATION IM RÖMISCHEN RECHTE

VON

DR PAUL KRETSCHMAR
A. O. PROFESSOR AN DER UNIVERSITÄT GIESSEN

LEIPZIG
VERLAG VON VEIT & COMP.
1907

Druck von Metzger & Wittig in Leipzig.

MEINER MUTTER

IN LIEBE UND VEREHRUNG

Vorwort.

Die vorliegende Arbeit trägt rein rechtsgeschichtlichen Charakter. Ihr Hauptinhalt besteht in dem Versuche, eine neue Ansicht über den Entwicklungsgang des gerichtlichen Kompensationsverfahrens im vorjustinianischen Rechte quellenmäßig zu begründen. Die dogmatischen Konsequenzen, die sich aus dieser neuen Auffassung ergeben, sind vorläufig nur angedeutet worden. Denn wichtiger als eine ausgeführte Darstellung in dieser Richtung erschien es mir, vorerst die historische Grundansicht so sicher, wie es bei dem Stande der Quellen möglich ist, zu fundieren. Die klärende und belehrende Kraft der wissenschaftlichen Diskussion wird dann jeder späteren dogmatischen Erörterung zugute kommen.

Gießen, den 30. September 1906.

Paul Kretschmar.

Inhalt.

Abkürzungen.

Aus der Literatur der Kompensation sind folgende Schriften nur mit dem Namen der Verfasser zitiert:

Brinz, Die Lehre von der Kompensation. Leipzig 1849.

Scheurl, Beiträge zur Bearbeitung des Röm. Rechts Bd. 1 1853.

Dernburg, Geschichte und Theorie der Kompensation nach röm. und neuerem Rechte, 1. Aufl. 1854, 2. Aufl. 1868, zitiert nach der 2. Aufl.

Ubbelohde, Über den Satz: *Ipso iure compensatur.* 1858.

Schwanert, Die Kompensation nach röm. Recht. Festschrift 1870.

Eisele, Die Kompensation nach röm. und gem. Recht. 1876.

Stampe, Das Kompensationsverfahren im vorjustinianischen *stricti iuris iudicium.* 1886.

G. Kretschmar, Secum pensare. Festschrift 1886.

Appleton, Histoire de la compensation en droit romain. 1895.

F. Leonhard, Die Aufrechnung. 1896.

O. Geib, Theorie der gerichtlichen Kompensation. 1897.

Siber, Kompensation und Aufrechnung. 1899.

Einleitung.

Der Entwicklungsgang des Kompensationsrechts von der frühklassischen Zeit bis auf Justinian gehört zu den rechtshistorischen Rätseln, deren Lösung einen weit über bloße Tatsachenfeststellung hinausreichenden Gewinn verheißt. Die volle Aufhellung dieser dunklen Partie der römischen Kompensationsgeschichte würde, vermöge der engen Verschwisterung des Problems mit prozessualen Fragen, der Erkenntnis der praktischen Handhabung des klassischen Prozesses zugute kommen; sie würde ferner das ursprüngliche Verhältnis von vertragsmäßiger und gerichtlicher Kompensation erkennen lassen und endlich Licht verbreiten über den Sinn des „*ipso iure compensari*" der Quellen, damit aber an den dogmatischen Kern des Kompensationsproblems heranführen. Als Preis der Enträtselung steht also nicht nur eine Befriedigung des rechtsgeschichtlichen Interesses, sondern auch ein dogmatischer Gewinn in sicherer Aussicht.

Der Bedeutung des historischen Problems entspricht der Eifer, mit dem die Lösung gesucht, und die geistige Energie, die hierbei aufgewendet worden ist. In der Tat ist fast keine der neueren Bearbeitungen ohne irgendwelche Frucht geblieben; gerade auf dem Gebiete der Kompensation hat die textkritische Tätigkeit der historischen Forschung besonders reiche Anregung und neue Hilfsmittel dargeboten. Und doch scheint bei aller Bereicherung der rechtsgeschichtlichen Erkenntnis in Einzelpunkten die allseitig befriedigende Beantwortung der Hauptfrage eher hinausgeschoben, als nähergerückt worden zu sein. So weit sind die Lösungsversuche untereinander verschieden, so sehr wird einerseits jeder in gewisser Richtung von den Quellen begünstigt, in anderer von ihnen diskreditiert. Ja, ein Blick auf die zu Gebote stehenden Quellen weckt die Befürchtung, daß jede überhaupt mögliche Antwort das gleiche Schicksal erfahren werde. Denn die Quellen selbst scheinen einander in wichtigen Punkten zu widersprechen; zudem steht authentisches, unverändertes Quellenmaterial nur in geringem Umfang und streng genommen nur für die frühklassische Zeit zu Gebote, in der Hauptsache nur der auf die Kompensation bezügliche Passus in den Institutionen des Gaius (IV 61—68). Über die Rechtsänderung, welche bald darauf erfolgt sein soll, sind direkte Berichte erst aus Justinians Zeit vorhanden (s. unten S. 3 f.) und ihre historische Genauigkeit ist nicht ohne Anlaß ernstlich in Zweifel gestellt worden.[1] Die in den Digesten enthaltenen Stellen sind mit dem Verdachte der Interpolation behaftet; er ist hier besonders dringend, weil die Kompilatoren das alte Kompensationsrecht mit dem von Justinian geänderten in Einklang zu setzen hatten;[2] für eine weitere wichtige, außerhalb der Justinianischen Kompilation erhaltene Stelle in den Sententiae receptae des Paulus (II 5 § 3) ist die Möglichkeit der Interpolation durch die Redaktoren der lex Romana Wisigothorum wenigstens nicht ohne weiteres von der Hand zu weisen.[3]

Trotz dieser Schwierigkeiten dürfte ein erneuter Versuch, den Quellen ihr Geheimnis abzuringen, nicht ganz aussichtslos sein. Er soll hier unternommen werden auf Grund des Nachweises, daß aus ihnen eine Reihe bisher teils übersehener, teils nicht genügend gewürdigter Anhaltspunkte für den Gang der geschichtlichen Entwicklung gewonnen werden kann. Auf die bisherigen Lösungsversuche wird in dieser Schrift nur soweit ein-

[1] Vgl. besonders Appleton S. 23 f.

[2] Vgl. Eisele S. 102; Appleton S. 19 Num. 8.

[3] Vgl. schon v. Bethmann-Hollweg im Rhein. Museum für Jurisprudenz Bd. I (1827) S. 276 Note 22; Stampe S. 72, 93 f.; P. Krüger, Geschichte der Quellen und Literatur des röm. Rechts S. 311; Appleton S. 312. Dagegen vertritt Karlowa, Röm. Rechtsgeschichte I S. 976, II S. 1394 die Meinung, daß die Redaktoren wohl einzelne Verkürzungen und Weglassungen, nicht aber eigentliche Interpolationen vorgenommen haben.

gegangen werden, als erforderlich ist, um ein Bild von den befolgten Methoden, namentlich der Behandlung der Quellen zu geben und das Verhältnis der eigenen Auffassung zu ihnen klarzustellen.

§ 1.

Die feste Grundlage unserer Kenntnis des Kompensationsrechts der frühklassischen Zeit liefert der bekannte Bericht in Gaius' Institutionen IV 61—68, dessen wichtigste Punkte kurz ins Gedächtnis zurückgerufen seien: Im *bonae fidei iudicium* begreift das *officium iudicis* die Befugnis des Richters, Forderungen *ex eadem causa* zur Aufrechnung zu bringen, in sich. Freilich braucht der Richter die Kompensation nicht vorzunehmen; denn ihre Vornahme wird ihm nicht ausdrücklich durch die Worte der Formel vorgeschrieben; sie gilt aber als dem Geiste des *bonae fidei iudicium* entsprechend (Gai. IV 61, 63). Von Kompensationen im *stricti iuris iudicium* erwähnt dagegen Gaius nur zwei einzelne Fälle: den des *argentarius*, der seinem Kunden gegenüber dessen Gegenforderungen in Abzug bringen muß und schon die *intentio* nur auf den Saldo stellen darf; und den des *bonorum emtor*, dessen Klage gegenüber der Schuldner des Kridars wegen etwaiger Gegenforderungen ein Abzugsrecht mit der Wirkung geltend machen kann, daß der *condemnatio* die Anweisung des Richters zur *deductio* eingefügt wird. Der Unterschied der Formelfassung hat unter anderem die wichtige Folge, daß den *argentarius* die Gefahr der *plus petitio* trifft, den *bonorum emtor* nicht (Gai. IV 64, 65, 66, 68).

Nach dem Bericht der Institutionen Justinians (§ 30 I. de act. 4, 6) soll nun seit einem Reskript Mark Aurels die Kompensation auf Grund der Entgegensetzung einer *exceptio doli* auch im *stricti iuris iudicium* nach und nach allgemein eingeführt worden sein:

„*sed et in strictis iudiciis ex rescripto divi Marci opposita doli mali exceptione compensatio inducebatur.*“[4]

Durch diesen Bericht wird die Frage nach dem Verfahren,

[4] Das Imperfektum der Stelle hebt das Moment des allmählichen Allgemeinwerdens hervor. Vgl. dazu die Paraphrase des Theophilus.

welches den Kompensationsvollzug im *stricti iuris iudicium* ermöglichte, nicht gelöst, sondern nur gestellt. Denn es erhebt sich das Bedenken, wie unter der Herrschaft des Formularprozesses hier dem Richter, besonders bei einer Klage mit *intentio certa*, durch *exceptio doli* die Befugnis vermittelt werden konnte, bei begründeter *exceptio* die Kondemnationssumme zu mindern und nicht vielmehr völlig abzuweisen.

Daher scheiden sich die verschiedenen in der Literatur hervorgetretenen Meinungen vor allem in dem fundamentalen Punkte, ob sie die *exceptio doli* als direktes Kompensationsorgan anerkennen, oder nicht.

Nach der einen, besonders von Dernburg ausgebildeten Ansicht ist durch eine allmählig heranreifende Praxis, welche in dem Reskript Mark Aurels ihre Sanktion erhielt, dem Richter noch unter der Herrschaft des Formularprozesses die Berechtigung gegeben worden, auf die der Formel inserierte *exceptio doli* hin auch *in strictis iudiciis* direkt auf eine geminderte Kondemnationssumme zu erkennen.[5]

Nach der entgegengesetzten Ansicht wirkt die *exceptio doli* nur als indirektes Zwangsmittel; entweder so, daß der Kläger durch die ihm sonst drohende völlige Abweisung zum vorherigen Abzug der durch *arbitrium* ermittelten Kompensationssumme geneigt gemacht wird;[6] oder so, daß die bloße Opponierung der *exceptio doli*, ohne daß ihre Inserierung im Hintergrunde steht, dazu dient, den Kläger zur Erbittung einer der Formeln zu drängen, welche gerichtliche Kompensation ermöglicht. Dies wird entweder so gedacht, daß dem Kläger bei Entgegensetzung der *exceptio doli* durch den Beklagten die *formula pura* auf den nicht reduzierten Betrag überhaupt versagt und nur je nach Lage des Falls die *actio cum compensatione* oder *cum deductione* gegeben wird[7]

[5] Dernburg S. 186 f., 192, 199 f., 216 f.; Ubbelohde S. 121 f., 137 f.; Stampe S. 62 f., 74 f. — Zu Sibers Auffassung vgl. unten S. 53 f.; zu der — vollkommen abweichenden — F. Leonhards: Hellmann, Krit. V. I. Schr. Bd. 40 S. 94 f.

[6] Keller, Pandekten I (2) § 271 S. 575.

[7] So Scheurl S. 159 f., 163; erstere Fassung soll Platz greifen, „wenn Forderung und Gegenforderung von Kläger und Beklagten beiderseits als ein *certum* angegeben waren", letztere in den übrigen Fällen.

oder so, daß dem Kläger, welcher trotz entgegengesetzter *exceptio doli* auf Erteilung der *formula pura* beharrt, die Gefahr der Pluspetition droht, weil der Richter angewiesen wird, „die *pure* eingeklagte Summe so zu beurteilen, wie wenn sie als Saldo *cum compensatione* eingeklagt worden wäre.“ [8] Der Hauptstützpunkt dieser Ansichten ist die Stelle des Paulus in den Sententiae receptae II 5 § 3 (abgedruckt unten S. 22), wo in den Worten „*compensare vel deducere debes*“ ein Hinweis auf die Klagen *cum compensatione* oder *cum deductione* erblickt, diese somit als Mittel der Kompensation für die Zeit nach Mark Aurel als direkt bezeugt angesehen werden.

Abseits hiervon stehen diejenigen Auffassungen, welche in größerem oder geringerem Umfange in der spätklassischen Zeit ein Kompensationsverfahren selbst ohne Opposition des *exceptio doli* (von ihrer Inserierung ganz abgesehen) behaupten. Hier ist in erster Linie Brinz zu nennen, der in seiner Schrift über die Lehre von der Kompensation S. 84 f., 104 f. im weitesten Umfang eine Verallgemeinerung der Klage des *argentarius* zur Herbeiführung der gemeinen Kompensation annahm und das Verfahren mit *exceptio doli* hierdurch verdrängt werden ließ. Später, in der Kritischen Vierteljahrsschrift Bd. 19 S. 335 f., 338 hat er dies allerdings eingeschränkt, indem er dort für die Kompensation von Gegenforderungen *ex eadem causa* im *stricti iuris iudicium* das Verfahren mit *exceptio doli* für wahrscheinlich hält.

Dem modifizierten Brinzschen Standpunkt steht nicht fern G. Kretschmar. [9] Darüber hinaus nimmt er jedoch in gewissen Fällen der theoretisch von ihm fundierten Erwerbskompensation besonders für das *Secum pensare* des Forderungspfandgläubigers eine Abzugspflicht des Gläubigers auch ohne entgegengesetzte *exceptio* bei Gefahr des *causa cadere* wegen Pluspetition an. [10] Auf diese Abart der Kompensation soll in der vorliegenden Abhandlung nicht näher eingegangen werden.

---

[8] So Eisele S. 108 f., 112.

[9] Secum pensare S. 118 Note 2.

[10] Secum pensare S. 116 f., S. 121/122, vgl. auch S. 78 und Erbrechtliche Kompensationen S. 30.

Eine beschränkte Ausdehnung der Klage des *argentarius* verteidigt KARLOWA, Römische Rechtsgeschichte II S. 1394 f., gestützt auf Paul. sent. rec. II 5 § 3 und die westgotische Interpretatio dazu: Die Klage des *argentarius* soll für die Kompensation zwischen Privatleuten unter der Voraussetzung, daß diese in einem laufenden Rechnungsverhältnis standen, mit der ihr eigentümlichen Gefahr der Pluspetition anwendbar geworden sein, jedoch mit der Milderung, daß der Private auch *cum deductione*, also ohne Gefahr des *causa cadere*, habe klagen können.

Endlich hat APPLETON von dem Boden der Ansicht aus, welche die kondemnationsmindernde Eigenschaft der *exceptio doli* wenigstens der Klage mit *intentio certa* gegenüber verwirft, ein eigentümliches System aufgestellt. Es beruht auf der Anschauung, daß in der Nichtberücksichtigung der Gegenforderung im *stricti iuris iudicium* ein wirklicher *dolus* nur dann liege, wenn die Gegenforderung ihrer Existenz und ihrem Betrage nach feststehe und dem Fordernden bekannt sei.[11] Hiermit kombiniert er die Nachrichten über den Inhalt gewisser Konstitutionen,[11a] nach welchen

---

[11] APPLETON S. 282: ... „*l'exception de dol n'est vraiment justifiée qu'en face d'un demandeur qui, réclamant une somme d'argent, se refuse à tenir compte d'une créance reconventionelle portant aussi sur une somme d'argent, parfaitement déterminée quant à son chiffre, et dont l'existence est, ou reconnue, ou officiellement constatée.*"

S. 283: „*puisque ... la créance du défendeur étant certaine, déterminée et nécessairement connue du demandeur, celui-ci ne peut refuser d'en tenir compte sans commettre un dol, dont un débouté total serait le juste châtiment.*" Vgl. auch S. 253, 255.

[11a] l. 1 § 4 D. 49, 8 (MACER). *Si apud eundem iudicem invicem petamus, si et mea et tua petitio sine usuris fuit et iudex me priorem tibi condemnavit, quo magis tu prior me condemnatum habeas: non est mihi necesse pro hac causa appellare, quando secundum sacras constitutiones iudicatum a me petere non possis, priusquam de mea quoque petitione iudicetur. sed magis est, ut appellatio interponatur.*

l. 6 C. h. t. 4; 31 (Imp. Alexander A. Polydeucae). *Neque scriptura, qua cautum est accepta quae negas tradita, obligare te contra fidem veritatis potuit et compensationis aequitatem iure postulas. Non enim prius exsolvi quod debere te constiterit, aequum est, quam petitioni mutuae responsum fuerit, eo magis, quod ea te persequi dicis, quae a muliere divortii causa amota quereris.* 229. Vgl. l. 1 C. rer. amot. 5, 21.

bei Erhebung von *mutuae petitiones* die Partei, welche früher ein obsiegendes Urteil erstritten hatte, doch mit der *actio iudicati* nicht eher gegen den Beklagten vorgehen konnte, bis auch über dessen Klage geurteilt worden war. Den Sinn dieser Konstitutionen findet er darin, daß vermöge des Aufschubs, den sie gewährten, der Widerkläger seiner Gegenforderung die zur Kompensation erforderliche Liquidität verschaffen konnte. Dasjenige Moment aber, welches bei so liquid gestellter Gegenforderung im Formularprozeß die Kompensation herbeiführt, erblickt APPLETON darin, daß der Gläubiger der größeren Forderung nur auf den Saldo klagt, weil er sonst auf Grund der inserierten *exceptio doli*, welche bei der Liquidität der Gegenforderung nunmehr begründet ist, völlig abgewiesen werden würde.[11b] —

§ 2.

Sieht man von den prozessualen Schwierigkeiten, welchen die Verwendung der *exceptio doli* zum Kompensationsvollzuge begegnet, zunächst ab, so läßt sich nicht in Abrede stellen, daß der materielle Rechtsgedanke — die Annahme, daß klagweises Vorgehen unter Nichtberücksichtigung einer Gegenforderung auch im *stricti iuris iudicium* unter Umständen einen *dolus* darstelle — sehr wohl der Zeit Mark Aurels entstammen kann.[12] Ja, es finden sich An-

[11b] APPLETON S. 259 f., 263: „*Une fois les deux condamnations prononcées, les parties sont investies de deux créances désormais incontestables, portant sur des sommes d'argent déterminées, exigibles, munies même d'un titre exécutoire. Mais, celle d'entre elles qui s'aviserait d'intenter contre l'autre l'action judicati, sans réduire expressément sa demande à la différence en sa faveur, commettrait un dol évident, car en dehors de cette différence il réclamerait une somme qu'il devrait lui-même payer à son adversaire: Dolo facit qui petit quod redditurus est.*“ Über die fernere Möglichkeit, die Klage zu teilen, vgl. APPLETON S. 283 f. — APPLETONS System haben angenommen: WENGER, Actio iudicati 1901 S. 69 f. und HANSKE, Die Bedeutung des *rescriptum divi Marci* etc. Leipziger Diss. 1903.

[12] Es ist ein eigentümliches Zusammentreffen, daß Mark Aurel, dessen Hinneigung zur Stoa bekannt ist, den Gedanken in die Tat umsetzt, der zuerst aus dem philosophischen Raisonnement eines anderen Stoikers, SENECAS (de beneficiis lib. VI §§ 4—6), hervorleuchtet: daß die Vornahme der Kompensation auch im *stricti iuris iudicium* etwas vom Standpunkt geläuterter Rechtsauffassung zu Erstrebendes sei.

haltspunkte, welche unabhängig vom Institutionenbericht dies in hohem Maße wahrscheinlich machen. Es treten uns nämlich, wie noch näher zu begründen sein wird, bereits vor Mark Aurel einzelne Fälle entgegen, in denen, ohne daß es sich um einen *argentarius* oder *bonorum emtor* handelt, ein Zwang zur Kompensation ausgeübt wird. Das Zwangsmittel ist aber hier nicht die *exceptio doli*, sondern eine *exceptio in factum*. Hierher gehört vor allen Dingen die

l. 4 § 8 D. de dol. mal. exc. 44, 4[13] (Ulpian) *Item quaeritur, si uniones tibi pignori dedero et convenerit, ut soluta pecunia redderentur, et hi uniones culpa tua perierint et pecuniam petas. exstat Nervae et Atilicini sententia dicentium ita esse excipiendum: „si inter me et te non convenit, ut soluta pecunia uniones mihi reddantur"; sed est verius exceptionem doli mali nocere debere.*[14]

Es ist das Verdienst Dernburgs, auf die große Bedeutung

[13] Vgl. in einem verwandten Falle (l. 4 D. usufr. quemadm. cav. 7, 9) die *exceptio in factum*, die Veneleius, der jüngere Zeitgenosse Julians zu geben bereit ist und, wenngleich etwas entfernter, Julian in l. 25 D. a. e. v. 19, 1, außerdem die unten S. 11 f. gegebene Auslegung von l. 2 D. h. t. 16, 2.

[14] Vgl. die Interpretation Dernburgs S. 177 f.; ferner Eisele S. 95 f. Die Dernburgsche Annahme hat Eisele a. a. O. mit scharfsinnigen Ausführungen bekämpft, denen aber meines Erachtens doch nicht beigestimmt werden kann. Eisele nimmt, gestützt auf die Verabredung „*ut uniones soluta pecunia redderentur*" an, daß die Stelle ursprünglich nicht von einem *pignus*, sondern von einer *fiducia cum creditore* gehandelt habe; er leitet daraus den bei Einräumung dieser Voraussetzung nicht zu bestreitenden Satz ab, daß eine Schadenersatzforderung für den Schuldner überhaupt nicht entstanden sei, da der Gläubiger seine eigene Sache habe untergehen lassen. Überwiegende Gründe sprechen aber gegen die Annahme einer solchen Interpolation. Die erwähnte Abrede begegnet in den Quellen auch beim *pignus*: Cato de agri cultura 146, 5, Labeo in l. 14 D. 20, 6; vgl. A. Pernice, Labeo II, 1 (2) S. 244 Note 1. Sie verfolgte hier wohl den Zweck, festzustellen, daß insoweit die — bis zu ihrer Beseitigung durch Konstantin so häufige — lex commissoria nicht Platz greifen solle. — Die Verwendung der *fiducia cum creditore* an *res nec mancipi*, wie den in Rede stehenden Perlen, ist zwar nicht, wie Pernice a. a. O. meint, schlechthin ausgeschlossen, würde aber als Grundakt die verhältnismäßig seltene und umständliche *in iure cessio* voraussetzen. Endlich existiert kein innerer Grund dafür, weshalb die Entscheidung der Stelle nicht gerade so gut beim *pignus* wie bei der *fiducia* zutreffend sein sollte.

dieser Stelle für die Kompensationsgeschichte energisch hingewiesen zu haben. In der Tat gelangt in dem Fragment der materielle Rechtsgedanke zum Ausdruck: es müsse verhindert werden, daß der Pfandgläubiger, ohne Rücksicht auf den erfolgten und von ihm zu vertretenden Untergang der Pfandsache und den hierdurch entstandenen Schadenersatzanspruch des Schuldners die persönliche Schuld einfordere. Die Juristen vor Mark Aurel (Nerva und Atilicinus) verwenden hierzu noch eine spezialisierte *exceptio in factum:* der nach Erlaß des Mark Aurelschen Reskripts schreibende Ulpian hält dagegen die allgemein gefaßte *exceptio doli* für hinreichend, die Berücksichtigung der entgegenstehenden Schadenersatzforderung durch den Pfandgläubiger zu erzwingen. Daß freilich, wie Dernburg annimmt, der Richter auf Einfügung der *exceptio doli* unmittelbar und unter allen Umständen zur Vornahme der Kompensation ermächtigt worden sei, geht aus der Stelle nicht hervor. Jedenfalls aber erscheint sie an Stelle der früheren, in vereinzelten Fällen auftretenden *exceptio in factum* am Eingang eines Verfahrens, welches in Kompensation ausmünden kann.[14a]

Es würde lediglich einem oft beobachteten Entwicklungsgesetze entsprechen, daß die einzelnen, zunächst nur sporadisch auftretenden Fälle später unter einem höheren Gesichtspunkt zusammengefaßt werden; wenn nun Ulpian in dem vorstehenden Fragment die *exceptio doli* genügen lassen will, während die Juristen vor Mark Aurel noch eine *exceptio in factum* für erforderlich hielten, so erklärt sich dies am einfachsten dadurch, daß mittlerweile das Reskript Mark Aurels die Nichtberücksichtigung der Gegenforderung dem Gesichtspunkte des *dolus* (*praesens*) unterstellt hatte. Es stimmt dies durchaus zu der schon von anderer Seite beobachteten Tendenz der *exceptio doli* zur Ausdehnung über ihre ursprünglichen Grenzen.[15] Völlig in der Richtung dieser Entwicklung liegt dann die von Ulpian in l. 2 § 5 D. de dol. mal. exc. 44, 4 behauptete generelle Ver-

---

[14a] Darüber vgl. unten S. 42 und besonders S. 63.

[15] Vgl. bereits Bekker, Aktionen I S. 162. Ferner A. Pernice, Labeo II 1 (2) S. 241, 244, 248 (schon in der ersten Auflage S. 117, 118); H. Krüger, Beiträge zur Lehre von der *exceptio doli* S. 102 f.

tretbarkeit der *exceptiones in factum* durch die *exceptio doli* (*praesentis*).[16]

Für die weitere Untersuchung ist die nähere Feststellung des Rechtszustandes, wie er vor der Mark Aurel zugeschriebenen Neuerung existierte, von der größten Bedeutung.

Bis zu Appleton wurde überwiegend angenommen, daß wenigstens in gewissen Fällen außer den von Gaius genannten schon vor Mark Aurel auch im *stricti iuris iudicium* kompensiert wurde.[16a] Appleton dagegen verteidigt mit aller Entschiedenheit den Satz, daß die von Gaius aufgeführten Fälle die einzigen im *stricti iuris iudicium* vorkommenden gewesen seien.[17] Konsequenterweise hält er nicht nur alle diejenigen Digestenstellen, in denen vor Mark Aurel von anderweiter Kompensation im *stricti iuris iudicium* die Rede ist, für interpoliert, sondern er deutet sie auch in weitgehendem Maße in dem Sinne um, daß in ihnen ursprünglich von der Kompensation des *argentarius* oder der Deduktion des *bonorum emtor* die Rede gewesen sei.[18]

[16] Dagegen hat der Satz: „*dolo facit, qui petit quod redditurus est*" (l. 173 § 3 D. de R. I. 50, 17, vgl. l. 8 pr. D. de dol. mal. exc. 44, 4) eine unmittelbare Beziehung zur Kompensation nicht. Dies ist gegen Dernburg S. 198, 361 durch die abschließenden Erörterungen G. Kretscmars (Secum pensare S. 74 f.) außer Zweifel gestellt worden. Vgl. auch Eisele S. 97 u. 232 Note 24; Pernice, Labeo II 1 (2) S. 308; Geib S. 60; Hartlaub, Der Solutionsgedanke bei der Kompensation, Freiburger Diss. 1902 S. 72, 73. Jener spezielle Satz darf daher zum Beweise der Verwendung der *exceptio doli* im Kompensationsverfahren nicht herangezogen werden.

[16a] Vgl. Brinz S. 76 f.; Scheurl S. 161; Dernburg S. 176 f.; Eisele S. 36. Dagegen Stampe S. 40 f.

[17] Von der Vollständigkeit des Gaianischen Berichts ist er so sehr überzeugt, daß er darauf wichtige weitere Schlüsse gründet; vgl. z. B. S. 183, wo mit der rhetorischen Frage: *Puis, comment Gaius aurait-il omis de nous signaler cette troisième et si importante exception à la règle que la compensation n'était pas admise dans les actions de droit strict?* die Annahme, daß schon zu Julians Zeiten bei prätorischen Stipulationen ohne Rücksicht auf die Person des Stipulanten kompensiert worden sei, *ad absurdum* geführt werden soll.

[18] Sein Vorgänger auf diesem Wege ist Lenel, der aber Gaius' Bericht in bedeutend maßvollerer Weise zur Feststellung von Interpolationen verwendet hat.

Im folgenden soll der Nachweis geführt werden, daß in der Tat schon vor Mark Aurel in vereinzelten Fällen im *stricti iuris iudicium* kompensiert worden ist, obgleich der Kläger weder ein *argentarius* noch ein *bonorum emtor* war.

Es handelt sich in erster Linie um die rätselhafte und vielerörterte

l. 2 D. h. t. 16, 2. *Julianus libro nonagensimo digestorum. Unusquisque creditorem suum eundemque debitorem summovet, si paratus est, compensare.*

In den einander ablösenden Auslegungsversuchen hat die Stelle sich eine immer weitergehende Einschränkung ihres Geltungsgebiets gefallen lassen müssen. Während DERNBURG noch darin eine Hindeutung auf die *exceptio doli* findet, die hier, wenn auch nicht direkt, wie nach Mark Aurels Reskript, so doch indirekt ganz allgemein Kompensation vermittelt,[19] schränkt EISELE bereits den Fall der l. 2 dahin ein, daß er ihn von dem als Schuldner Verklagten versteht, der seinerseits eine Gegenforderung gegen den Gläubiger besitzt und bereit ist, diese durch *actio cum compensatione* geltend zu machen (in diesem Sinne soll das „*paratus est, compensare*“ zu verstehen sein).[20] APPLETON endlich bezieht[20a] die Stelle auf einen *argentarius*, der von seinem Kunden wegen einer Schuld verklagt wird, zu deren Kompensation er bereit ist. Die von ihm entgegengesetzte Einrede, auf welche das „*summovet*“ geht, faßt APPLETON im Anschluß an LENEL, Edictum perpetuum § 272 S. 402 als *exceptio pensatae pecuniae* auf.[21]

---

[19] DERNBURG S. 184, 185.

[20] EISELE S. 42 f.; Zeitschr. d. Savignystiftung Bd. 17 S. 352.

[20a] Unter Billigung von LONGO in der Rivista Italiana Bd. 22 (1896) S. 112.

[21] Der Weg, auf dem APPLETON dieses Ergebnis gewinnt, ist bezeichnend dafür, wie sehr er von dem Gedanken der Vollständigkeit des Gaianischen Berichts beherrscht ist. Nachdem er aus der Unmöglichkeit, daß Julian in dem umfassenden Umfange des Textes die Kompensation anerkannt haben könnte, die Interpolation dargetan hat, schließt er zur Feststellung ihrer Richtung folgendermaßen: Da der Text eine Kompensation vorsehe, so müsse er sich auf einen der drei ausgezeichneten Fälle beziehen, wo die Kompensation schon zur Zeit Julians zugelassen sei, also entweder auf eine *actio bonae fidei*, oder eine Klage des *bonorum emtor*, oder des

Keine dieser verschiedenen Auslegungen kann vom historischen Standpunkt aus als zutreffend anerkannt werden.

Julian handelte an der in Frage stehenden Stelle, im 90. Buche seiner Digesten, wie überhaupt in den letzten Büchern dieses Werkes, zweifellos von gewissen Bürgschaftsgesetzen.[22] Ihre genauere Bestimmung kann vorläufig hier unterbleiben. In ihrer allgemeinen Fassung ist die Behauptung gesichert einmal durch den Inhalt der in Frage kommenden Stellen (LENEL, Palingenesia Julian. 839, 841), sodann durch die Parallelerscheinung, daß Celsus gleichfalls gegen den Schluß seiner Digesten hin diese Bürgschaftsgesetze besprach.[23] Durchlaufen wir nun das klassische Bürgschaftsrecht, so stoßen wir auf einen Fall, in dem mit besonderer Dringlichkeit das Bedürfnis nach Kompensation auftreten mußte. Es ist der, daß von mehreren Sponsoren oder Fidepromissoren jeder mehr als den auf ihn treffenden Teil der Schuld bezahlt hatte. Denn nach der lex Appuleia sollte derjenige, der mehr als den auf ihn treffenden Teil gezahlt hatte, gegen die übrigen ein Rückgriffsrecht haben.[24] Dieser Rückgriff war durch besondere Klagen, welche die erwähnte lex schuf, gewährleistet, und zwar gehörten diese offenbar dem *ius strictum* an. Freilich bemerkt Gaius, daß die lex Appuleia „*inter sponsores et fidepromissores quandam societatem introduxit*“. Daß dies aber nicht den Sinn haben kann, daß der Regreß mit der *actio pro socio*

---

argentarius. Er weist nun nach, daß die Stelle weder eine *actio bonae fidei*, noch einen *bonorum emtor* betreffen könne und schließt daraus, daß sie nur von einem *argentarius* handeln könne. Mit der Annahme der absoluten Vollständigkeit des Gaius wird aber ein hypothetisches Element in die Untersuchung hineingetragen, welches sich vermeiden läßt, wenn man zunächst dem ursprünglichen Zusammenhange der Stelle nachgeht und prüft, ob hier etwa eine besonders ausgezeichnete Kompensationsmöglichkeit dem Zusammenhang der Darstellung entspricht. Diese, sonst vielfach erfolgreich von ihm gehandhabte Methode hat APPLETON hier, meines Erachtens zum Schaden des Ergebnisses, verlassen.

[22] LENEL, Palingenesia I Spalte 484 führt, wenngleich zweifelnd, einige namentlich auf.

[23] Letzteres ist ersichtlich aus LENELS Palingenesia I 167 Celsus 266—269.

[24] Gaius Inst. III 122.

genommen worden sei, liegt auf der Hand, weil Gaius sonst nicht hätte berichten können, daß das Gesetz in diesem Falle „*actiones constituit*“ sondern die *actio pro socio* hätte nennen müssen. Zudem führt die Analogie der *actio depensi* dahin, diese Klagen als dem strengen Recht angehörig zu denken.[25] Gaius' Bezugnahme, die außerdem durch den Zusatz „*quandam*“ als *cum grano salis* zu verstehende gekennzeichnet ist, will nur im Sinne materieller Verwandtschaft des Grundgedankens, nicht als dogmatische Konstruktion verstanden sein. Immerhin mußte sich gerade hier wegen der Verwandtschaft des Grundgedankens der Einfluß der dem billigen Recht angehörigen Parallelbildung besonders stark geltend machen, d. h. es mußte die Frage auftauchen, ob nicht bei gegenseitiger Regreßberechtigung der Sponsoren und Fidepromissoren auf Kompensation hingewirkt werden solle, die der Richter in dem entsprechenden Falle, daß Gesellschafter gegeneinander klagten, wohl stets vornahm.

Sind diese Erwägungen zutreffend, so kann die l. 2 cit. ihre gegenwärtige Gestalt durch einfaches Wegstreichen des Vordersatzes erhalten haben. Julian könnte geschrieben haben:

(„*Si plures sponsores vel fidepromissores, cum plus sua quisque portione solverit, invicem agere instituant,*) *unusquisque (eorum) creditorem suum eundemque debitorem summovet, si paratus est, compensare.*“

Diese Deutung der Stelle dürfte sich dadurch empfehlen, daß nicht nur die Kompensationsfrage in den ursprünglichen Gedankengang des Juristen eingegliedert wird, aus dem die Bezugnahme auf den *argentarius* völlig herausfallen würde; es ist auch in der gesellschaftsähnlichen Stellung der Sponsoren oder Fidepromissoren

---

[25] Dieses Ergebnis dürfte durch die wohlbegründete Annahme, welche Appleton in seiner neuen interessanten Abhandlung „Les lois romaines sur le cautionnement“ im letzten (26.) Bande der Savignystiftung für Rechtsgeschichte R. A. S. 29, 30 aufstellt, eine weitere Festigung erfahren. Wenn nämlich, wie mit Appleton anzunehmen ist, der Boden für die gesetzliche Einführung eines gesellschaftsähnlichen Verhältnisses zwischen Sponsoren und Fidepromissoren dadurch bereitet worden ist, daß vorher unter ihnen wechselseitige Stipulationen als Versicherung gegen die Insolvenz des Schuldners in Übung waren, so dürfte das Gesetz den hierdurch gegebenen strikten Charakter des Regreßanspruches einfach übernommen haben.

das Motiv aufgedeckt, welches im gegebenen Falle trotz Vorliegens einer Klage des strengen Rechts auf Kompensation hindrängte. — Im übrigen geht das „*paratus est, compensare*" zweifellos auf die *in iure* abgegebene Erklärung, kompensieren zu wollen, das „*summovet*" für den Fall mangelnder Bereitschaft des Gegners zur Kompensation auf die Insertion einer *exceptio* und zwar höchstwahrscheinlich einer *exceptio in factum.*[26] Auf welchem Wege dagegen im ersten Fall die Kompensation vollzogen wurde, zumal wenn etwa die Höhe der Gegenforderung *in iure* noch nicht feststand, läßt sich aus der Stelle nicht unmittelbar entnehmen und muß späterer Erörterung vorbehalten bleiben.

In anderer Weise ist eine ferner in Betracht kommende Stelle, die erste der sog. *ipso iure*-Stellen zu erklären.

l. 4 D. h. t. 16, 2. Paulus lib. tertio ad Sabinum: *Verum est, quod et Neratio placebat et Pomponius ait, ipso iure eo minus fideiussorem ex omni contractu debere, quod ex compensatione reus retinere potest: sicut enim, cum totum peto a reo, male peto, ita et fideiussor non tenetur ipso iure in maiorem quantitatem quam reus condemnari potest.*

Fest steht, daß Paulus im dritten Buche seines Sabinuskommentars, dem das Fragment entnommen ist, von den Legaten gehandelt hat. Als weiterer Anhaltspunkt ergibt sich, daß in mehreren benachbarten Stellen von der *condictio indebiti* die Rede ist.[27] Es ist daher hier noch schwerer verständlich, als bei l. 2 D. h. t., wie der Jurist auf die Kompensation des *argentarius* gekommen sein soll. Dennoch läßt Appleton, nachdem bereits Pernice[28] eine dahingehende Vermutung ausgesprochen hatte, diesen *deus ex machina* auch bei der Erklärung dieser Stelle auftreten, gestützt auf die Worte: „*male petit*", welche auf die dem *argentarius* drohende *pluspetitio* hinweisen sollen. Da die Inskription nicht paßt, so setzt er kühn an die Stelle des III. das XIII. Buch; denn: „*Au livre XII Paul traitait de verborum*

[26] S. oben S. 8 f.

[27] Lenel, Palingenesia I 1257 Num. 1643—1645.

[28] Labeo II 1 (2) S. 278; vgl. auch Karlowa, Röm. Rechtsgeschichte II 1395.

obligationibus; c'était le lieu de parler ensuite des fidéjusseurs."[29]

Den richtigen Weg zur Einordnung der in Rede stehenden Fragmente hat LENEL in seinem „Sabinussystem" beschritten. Er stellt dort (S. 38 f.) die Vermutung auf, daß die Stellen einen Zusammenhang mit der lex Falcidia aufweisen.[30] Demgemäß bezieht er die Stellen über die *condictio indebiti* auf Legate, welche über das Maß der Falcidia hinaus gezahlt worden sind und weist ferner auf die ausdrückliche Erwähnung der Falcidiae stipulatio in der hierher gehörigen Parallelstelle Ulpians (Ulpian Num. 2544, l. 70 D. 35, 2, Palingenesia II 1056) hin.

Es ist meines Erachtens in hohem Grade wahrscheinlich, daß auch die hier in Betracht kommende Paulusstelle ursprünglich von der Kaution handelte, welche zur Sicherung des bei Überschreitung der Falcidia Platz greifenden Rückgabeanspruchs geleistet zu werden pflegte.[31] Bei ihrer Besprechung mußte sich die Rücksichtnahme auf die Lage des Bürgen völlig ungezwungen einstellen, denn die zu leistende Kaution war regelmäßig nicht bloße *repromissio*, sondern *satisdatio*, also mit Bürgenstellung verbunden.[32]

Auch hier verlangte ein besonderer Kompensationsfall Berücksichtigung. Wieweit konnte der Bürge sich dem Erben gegenüber auf Kompensation berufen, wenn er von diesem auf Grund der Behauptung, die Quart sei durch zu weitgehende Auszahlung der Legate verletzt worden, in Anspruch genommen wurde? Gerade bei der Falcidia gibt es eigenartige Kompensationsfälle,[33] von denen

---

[29] Eine andere Auslegung bei MITTEIS, Jahrb. für Dogm. Bd. 28 S. 152 f. Dagegen PERNICE a. a. O. Note 2. FR. LEONHARDS Deutung (S. 34), die Aufrechnung sei außergerichtlich vom Hauptschuldner vollzogen worden, steht völlig in der Luft.

[30] Die in der Palingenesia I 1257 Note 1 ausgesprochene Vermutung ist mit Recht von ihm fallen gelassen worden.

[31] „*Cautio, quanto amplius quam per legem Falcidiam ceperit, reddi*" l. 1 § 12 D. 35, 2, l. 15 i. f. D. 35, 3.

[32] Vgl. l. 1 pr. § 9, l. 3 §§ 1, 4 D. si cui plus leg. 35, 3, l. 1 § 12, l. 31 D. ad leg. Falc. 35, 2.

[33] Vgl. besonders G. KRETSCHMAR, Erbrechtliche Kompensationen S. 1 f., 10 f., 104 f.

im vorliegenden Falle einer leicht praktisch werden konnte; es ist die Kompensation der Wechsellegate auf die Falzidische Quart. War nämlich dem Erben, dessen Quart überschwert war, seinerseits ein Vermächtnis zugewendet, so konnte er dem mit diesem Vermächtnis belasteten Erben oder Vermächtnisnehmer die Quart insoweit nicht abziehen, als er durch dieses Vermächtnis Deckung erhielt, mit anderen Worten, er mußte dem mit dem Vermächtnis Belasteten gegenüber den Vorteil auf die Quart kompensieren.[34]

Hiernach werden wir uns den Fall, den der Jurist in l. 4 D. h. t. ursprünglich behandelte, so vorzustellen haben: Ein mit einem Vermächtnis belasteter Erbe hat dem Vermächtnisnehmer, dem umgekehrt ein Vermächtnis an ihn auferlegt worden war, das Vermächtnis ausbezahlt, nachdem ihm wegen etwaiger Restitutionsverpflichtung im Hinblick auf die möglicherweise sich herausstellende Überschwerung der Quart durch Versprechen unter Bürgenstellung Sicherheit geleistet worden war.[35] Nachdem sich die Überschwerung der Quart herausgestellt hat, klagt der Erbe

[34] l. 79 pr. D. de hered. inst. 28, 5, l. 15 D. de his quae ut indign. 34, 9, l. 22 pr., l. 94 D. ad leg. Falc. 35, 2, l. 60 § 3 D. ad S. C. Treb. 36, 1, l. 24 C. fam. erc. 3, 36. Neuerdings hat Mancaleoni in seiner Schrift „Sulla compensatio mutuorum legatorum" Sass. 1903 besonders S. 15 f., 41, 51, 75 f. die Behauptung aufgestellt und zu erweisen versucht, daß eine eigentliche Kompensation der Wechsellegate dem klassischen Recht fremd gewesen und daß sie erst eine Schöpfung der Kompilatoren sei. Das Hauptargument holt Mancaleoni S. 25 (vgl. S. 35) daher, daß die Falcidia zur klassischen Zeit absolutes Recht enthalten habe, das durch private Bestimmungen in keiner Weise habe beeinträchtigt werden können, während erst Justinian der Vorschrift dispositiven Charakter verliehen habe (Nov. 1 cap. 2 § 2). Demgegenüber ist zu bemerken: Schlechthin absoluten Charakter trägt das Recht der Falzidischen Quart von vornherein nur nach der Seite der Komputation hin: Der Erblasser kann nicht wirksam verfügen, daß der Erbe weniger als ein Viertel, etwa nur ein Achtel seiner Erbportion oder überhaupt nichts frei von Vermächtnissen haben solle (l. 15 § 1 D. 35, 2). Für die Frage dagegen, was der Erbe auf die berechnete Quart anzurechnen habe, welche Imputation und Kompensation umfaßt, hat die klassische Jurisprudenz dem Willen des Erblassers bis zu der Schranke des berechtigten Interesses des Erben einen erheblichen Einfluß verstattet, vgl. G. Kretschmar, Erbrechtliche Kompensationen, besonders S. 1 f., 17 f., 36 f., 104 f.

[35] Vgl. l. 31 D. ad leg. Falc. 35, 2.

die Differenz gegen den Bürgen als *certum* ein, ohne jedoch die Deckung zu berücksichtigen, welche er in dem von ihm angenommenen Wechsellegat besitzt. Es fragt sich, ob hierin eine *plus petitio* liegt, wie sie zweifellos gegeben sein würde, wenn er gegen den Wechsellegatar selbst klagte. Der Zweifelsgrund lag wohl darin, daß in den Quellen bei Erörterung der Frage der Kompensation der Wechsellegate auf die Falcidia mit großer Entschiedenheit betont wird, daß die Kompensation nur zugunsten der mit dem Wechsellegat belasteten Vermächtnisempfänger, nicht absolut, besonders nicht zugunsten anderer Vermächtnisnehmer wirkt. Darin besteht gerade der Unterschied zwischen der Imputation von Vorteilen in die Quart, welche gleichmäßig zugunsten aller Vermächtnisnehmer wirkt und der Kompensation, auf welche sich nur diejenigen Vermächtnisnehmer berufen können, von denen der auf die Quart zu kompensierende Vorteil dem Erben zugeflossen ist.[36] Dieses Bedenken wird vom Juristen dadurch beseitigt, daß er dem Bürgen dieselbe Rechtsstellung der Klage gegenüber vindiziert, wie sie dem betreffenden Vermächtnisnehmer selbst zukommt.[36a] Man muß sich hierbei erinnern, daß die Überschwerung der Quart die Vermächtnisse *ipso iure* mindert.[37] In demselben Sinne wird wieder die Überschwerung *ipso iure* gemindert, wenn eine Verpflichtung des Erben zur Kompensation auf die Quart besteht. Das heißt, es bedarf hier für den Bürgen keiner *exceptio*, was natürlich sehr wesentlich ist, weil ihm in vielen Fällen das Wechsellegat unbekannt sein und dieses erst im Laufe der Verhandlung zur Sprache kommen wird, wenn der Erbe die Überschwerung der Quart begründen muß. Eine weitere Stütze erhält diese Auslegung dadurch, daß auch die sonstigen erbrechtlichen Kompensationen die Eigentümlichkeit haben, daß Insertion einer *exceptio doli* bei ihnen nicht erforderlich

[36] Vgl. zu letzterem Punkte l. 22 pr. D. ad leg. Falc. 35, 2, l. 79 (78) pr. D. de hered. inst. 28, 5 und dazu Buchholtz, Die Lehre von den Prälegaten S. 446 f.; G. Kretschmar, Erbrechtliche Kompensationen S. 3 f.

[36a] Gerade bei den *stipulationes praetoriae quae incertam quantitatem continent* bildete der Umfang der Haftung des Bürgen im Vergleich zu der des Hauptschuldners eine öfter ventilierte Frage: l. 2 § 2 D. 46, 5.

[37] l. 73 § 5 D. ad leg. Falc. 35, 2, l. 1 § 5 D. quod. leg. 43, 3.

ist.[38] Kurz, es spricht eine hohe Wahrscheinlichkeit dafür, daß unsere Stelle ursprünglich von einem Falle erbrechtlicher Erwerbskompensation und der Frage, wieweit sie dem Bürgen zugute komme, handelte. Die Veränderung, welche die Kompilatoren vorgenommen haben, besteht vermutlich darin, daß sie den speziellen Tatbestand strichen und nur die Begründung der Entscheidung aufnahmen.[39] Es brauchte dann lediglich der Hinweis auf die Bürgenkaution eine verallgemeinernde Fassung zu erhalten, derart, daß die Worte „*ex omni contractu*" an Stelle der ursprünglichen „*ex illa stipulatione*" gesetzt wurden.[39a]

Zu voller Gewißheit läßt sich freilich diese Deutung nicht erheben, weil die Kompilatoren die Anknüpfungspunkte innerhalb der Stelle selbst beseitigt haben. Doch glaube ich behaupten zu dürfen, daß der hier gegebenen Deutung weit höhere innere Wahrscheinlichkeit zukommt, als der Inbezugsetzung zum *argentarius*. Wie sollte der Jurist bei der Darstellung der Lehre von den Vermächtnissen und der lex Falcidia Veranlassung haben, von der Kompensation des *argentarius* zu sprechen? Wie nahe lag es anderseits, bei dem Anspruch aus der Falzidischen Kaution die Frage zu erörtern, wieweit der aus ihr in Anspruch genommene Bürge sich auf die dem Hauptschuldner zuständige eigenartige Kompensation auf die Quart berufen könne! Auch hier ist also bei der Auslegung die Forderung erfüllt, daß die Kompensation in den ursprünglichen Zusammenhang der Stelle eingegliedert werde; und, mehr als dies, es ist nachgewiesen, daß der hier in Frage kommende Kompensationsfall gerade die aus

---

[38] G. Kretschmar, Erbrechtliche Kompensationen S. 30.

[39] „*Verum est, quod . . . ait*" ist eine beliebte Floskel, um zur Begründung der Entscheidung eines vorangestellten Falles die Meinung eines Vorgängers heranzuziehen, s. l. 13 § 2 D. de pign. 20, 1.

[39a] Einem verwandten Gedanken begegne ich nachträglich bei Chenevière, Histoire de la compensation jusques et y compris le rescrit de Marc-Aurèle (1892) S. 69; auch er bezieht unsere Stelle auf Grund der Inskription auf einen der Vermächtnislehre angehörenden Spezialfall, denkt aber dabei an eine Klage des Vermächtnisnehmers gegen den Bürgen des Erben aus der *cautio legatorum* und leitet die Kompensation aus dem prätorischen Ursprung der *cautio* und der in ihr angeblich enthaltenen *clausula cum deductione* her. Hierbei bleibt das „*male peto*" der Stelle unerklärt.

der Stelle zu entnehmende Eigentümlichkeit: Wirkung der Kompensation ohne formelle Inserierung eine *exceptio doli* aufweisen mußte.

Endlich spricht die bekannte Stelle in Senecas de beneficiis VI 4—6 dafür, daß schon zu seiner Zeit Kompensation im *stricti iuris iudicium* vorkam, aber, abgesehen von den Gaianischen Fällen nur als Ausnahme. Seneca will dort die philosophische These beweisen, daß die erwiesene Wohltat niemals zugrunde gehe, daß höchstens die Erkenntlichkeit aufgehoben werden könne dadurch, daß der Wohltäter später eine Übeltat zufügt, so daß die Dankbarkeit mit der Rache zu kompensieren sei.

> *„Non beneficium tollitur, sed beneficii gratia, et efficitur non ne habeam, sed ne debeam. Tamquam pecuniam aliquis mihi credidit, sed domum meam incendit, pensatum est creditum damno: nec reddidi illi nec tamen debeo.“*

Diese behauptete Analogie mit dem Rechte wird weiter ausgeführt:

> *„Colonum suum non tenet quamvis tabellis manentibus qui segetem eius proculcavit qui succidit arbusta: non quia recepit quod pepigerat, sed quia ne reciperet effecit. Sic debitori suo creditor saepe damnatur, ubi plus ex alia causa abstulit quam ex crediti petit. Non tantum inter creditorem et debitorem iudex sedet qui dicat, Pecuniam credidisti. Quid ergo? pecus abegisti, servum eius occidisti, argentum quod non emeras possides: aestimatione facta debitor discede qui creditor veneras.*

Es ist beachtenswert, daß Seneca von einem *bonae fidei iudicium* ausgeht: dem Pachtvertrag, aus dem Gegenansprüche des Pächters entstanden sind. Er bleibt aber nicht dabei, sondern behauptet auch für die *condictio* das häufigere Vorkommen einer durch Widerklage herbeigeführten Kompensation. Sieht man auf die Wahl der Beispiele und den Zusammenhang, in dem sie vorgebracht werden, so erhellt, daß Seneca sich eines dialektischen Kunstgriffes bedient, der an ein Sophisma streift.[39b] Er wählt nämlich die Beispiele so, daß trotz der allgemeinen

[39b] Die ganze Ausführung mutet an wie eine Illustration zu Julians Ausspruch in l. 65 D. de R. I. 50, 17: *„Ea est natura cavillationis, quam Graeci σωρίτην appellant, ut ab evidenter veris per brevissimas mutationes disputatio ad ea, quae evidenter falsa sunt, perducatur.“* Vielleicht hatte

Fassung seiner Behauptung dem Leser vorzugsweise solche Fälle vor Augen treten müssen, in denen, wie nach anderen Zeugnissen wahrscheinlich ist, der Kläger schon damals zur Berücksichtigung der Gegenforderung gezwungen wurde. Denkt man sich nämlich die vom Gläubiger beschädigten Gegenstände als Pfand, was nach dem Zusammenhange nicht fern liegt, so berührt sich der Fall mit dem der l. 4 § 8 D. de dol. mal. exc. 44, 4, in welchem schon Senecas älterer Zeitgenosse Nerva (gest. 33 n. Chr.) die Berücksichtigung der Gegenforderung durch *exceptio in factum* erzwang. Nun läßt sich aber Seneca durch seinen Hörer Liberalis den Einwand machen, daß in Wahrheit die Gerichtspraxis eine andere sei.

„*Illud enim video in hoc foro fieri, quid in vestra schola iuris sit vos sciatis. Separantur actiones et de eo quod agimus de eodem nobiscum agitur. Non confunditur formula si qui apud me pecuniam deposuerit et ego cum illo furti agam et ille mecum depositi.*“

Liberalis bestreitet die Üblichkeit der Kompensation an der Hand von Beispielen, bei welchen zu Senecas Zeit zweifellos keine Kompensation stattfand. Denn das Kompensationsverbot der *actio depositi* gegenüber zieht sich durch die ganze römische Rechtsentwicklung (vgl. Paul. receptae sententiae II 12 § 12 und l. 14 § 1 i. f. C. h. t. 4, 31, § 30 I. de act. 4, 6); der Anspruch aus dem *furtum* aber ist noch zu Ulpians Zeiten der Kompensation nur zugänglich „*si pecuniarie agatur*“. Seneca erkennt die Berechtigung des Einwurfs zwar an, aber ausdrücklich nur hinsichtlich der von Liberalis ins Gefecht geführten Beispiele, gibt also keineswegs zu, daß die Kompensation unter keinen Umständen im *stricti iuris iudicium* eintreten könne:[39c]

„*Quae proposuisti, mi Liberalis, exempla, certis legibus continentur, quas necesse est, sequi. Lex legi non miscetur, utraque sua via it: depositum habet actionem propriam, tam mehercule quam furtum.*“ rel.

schon Sabinus sich mit solcher „*cavillatio*“ beschäftigt, da in der lex geminata (l. 177 D. de V. S. 50, 16) Ulpian dieselbe Ausführung in seinem Sabinus-Kommentar bringt.

[39c] Dies gegen APPLETON S. 244.

Durch die vorstehenden Ausführungen, mit denen die Nachweise auf S. 8 zu kombinieren sind, ist es wahrscheinlich gemacht, daß, wenngleich vereinzelt, bereits vor Mark Aurel im *stricti iuris iudicium*, auch abgesehen von den Fällen des *argentarius* und des *bonorum emtor*, kompensiert wurde. Weitere Argumente hierfür werden weiter unten in anderem Zusammenhange beizubringen sein. Schon hier aber muß mit aller Bestimmtheit betont werden, daß dieses Ergebnis nicht durch die Berufung darauf in Zweifel gezogen werden kann, daß Gaius von solchen Fällen nichts wisse. Denn von Gaius ist nicht die Vollständigkeit eines Kommentars oder Systems, sondern nur die eines Anfängerlehrbuchs zu verlangen, d. h. auf die hier in Betracht kommenden singulären Fälle konnte er nicht reflektieren.[40] So hoch die Bedeutung des Gaianischen Berichts insofern zu veranschlagen ist, als wir in ihm das wichtigste Zeugnis über das Kompensationsverfahren der frühklassischen Zeit besitzen, auf dessen Unverfälschtheit mit Sicherheit gerechnet werden kann, so verhängnisvoll würde es sein, diese Zuverlässigkeit mit absoluter dogmatischer Vollständigkeit zu verwechseln und folgeweise das ganze weite, sonst erhaltene Quellengebiet nur durch die Brille des Gaianischen Berichts zu betrachten. Freilich, was die sonstigen Quellen überliefern, muß mit der schärfsten historischen Kritik betrachtet, es muß vor allem jede Möglichkeit einer Interpolation wohl in Rücksicht gezogen werden. Wenn aber die Stelle dieser Prüfung unterzogen worden ist, so darf ihr Ergebnis nicht deshalb verworfen werden, weil sie eine Kompensationsmöglichkeit in einem Falle eröffnet, auf den der Bericht des Gaius nicht direkt hinführt.

§ 3.

Wenden wir uns nun der Frage nach der prozessualen Form der Verwirklichung der Kompensation zu, so tritt uns zunächst die Ansicht Dernburgs entgegen, nach welcher die entgegengesetzte und der Formel inserierte *exceptio doli* seit Mark Aurel

[40] Vgl. hierzu Herzen, Zeitschrift der Savignystiftung Bd. 20 S. 214.

auch bei *intentio certa* als direktes Kompensationsorgan dienen konnte, derart, daß der Richter trotz der *intentio certa* auf eine geminderte Kondemnationssumme zu erkennen in der Lage war. Eine nähere Kritik dieser Meinung erübrigt sich an dieser Stelle. Denn die vielverhandelte Frage nach der kondemnationsmindernden Funktion der *exceptio doli* im *stricti iuris iudicium* hat durch die tief eingreifenden Forschungen A. PERNICES[41] wohl endgültig ihre Erledigung in dem Sinne gefunden, daß wenigstens der *intentio certa* gegenüber solche kondemnationsmindernde Funktion nicht angenommen werden kann. Wieweit nicht doch die *exceptio doli* auf Grund einer Veränderung der Klagformel zur Kompensation dienen konnte, wird weiter unten näher erörtert werden.

Sodann drängt sich die Frage auf, ob ein allgemeines Kompensationsverfahren nicht im Sinne BRINZ', SCHEURLS und EISELES dadurch gewonnen werden konnte, daß je nach Bedarf die Klagen des *argentarius* oder des *bonorum emtor* für andere Fälle zurecht gemacht wurden. Auf den ersten Blick scheint hierfür die Sentenzenstelle des Paulus (II 5 § 3):

„*Compensatio debiti ex pari specie et causa dispari admittitur: velut si pecuniam tibi debeam et tu mihi pecuniam debeas, aut frumentum aut cetera huiusmodi, licet ex diverso contractu, compensare vel deducere debes: si totum petas, plus petendo causa cadis.*"

ein starkes Argument zu liefern. Bei näherer Betrachtung ergeben sich aber große Schwierigkeiten. Sie beruhen einmal in der Fassung der Stelle selbst. Wie konnte die *actio cum deductione* hinsichtlich der Wirkung des *causa cadere* mit der *actio cum compensatione* gleichgestellt werden, da doch die wichtigste Eigentümlichkeit der mit *deductio* ausgestatteten Klage des *bonorum emtor* gerade die war, ihm durch die Fassung der *condemnatio* die Gefahr der *plus petitio* zu ersparen?

Aber weiter erheben sich inhaltliche Bedenken. Ein Kompensationsverfahren, welches, wie die Klage des *argentarius*, schlechthin die Gefahr des *causa cadere* mit sich führt, würde eine schwer begreifliche Belastung der Klägerrolle mit sich führen. Daß dem *argentarius* das *causa cadere* als Strafe der Pluspetition droht,

[41] Labeo II 1 (2) S. 261 f., 267, 275, 297 f., vgl. auch EISELE S. 61 f.

kann nicht unbillig erscheinen, weil er an der Hand seiner Bücher den genauen Betrag der Gegenforderung des Beklagten festzustellen in der Lage ist. Die Ausdehnung dieser Gefahr auf andere Fälle könnte nur ausnahmsweise gerechtfertigt erscheinen, nämlich da, wo nach Lage der Sache der Kläger die Gegenforderung (oder den aufzurechnenden Erwerb) genau kennen muß;[42] im übrigen würde sie eine nicht zu rechtfertigende Härte gegen den Kläger bedeuten.[43] Was die Verwendung der *formula cum deductione* anlangt, so würde sie durch die Hereinziehung befristeter und auf ungleichartige Gegenstände gerichteter Forderungen die Kompensation in so weitgehendem Umfange ermöglicht haben, wie mit den sonstigen Quellenzeugnissen nicht in Einklang zu bringen ist. Hiergegen könnte nur die Annahme einer tiefgreifenden Änderung der Formel helfen, für die es wiederum an jeder Beglaubigung fehlt, so daß ein weiteres hypothetisches Element in das hiermit schon genugsam belastete System hineingetragen werden würde.

Gegen die beschränkte Ausdehnung, welche Karlowa den Klagen des *argentarius* und des *bonorum emtor* geben will (s. oben S. 6) läßt sich der Einwand, daß diese Meinung die Klägerrolle zu sehr belaste, nicht erheben; soll doch dem Privaten die Wahl zwischen der *actio cum compensatione* und *cum deductione* freistehen. Auch kann nicht geleugnet werden, daß die Worte der Paulusstelle „*compensare vel deducere debes*“ an sich den ihnen beigelegten Sinn haben können, obgleich er sicher nicht der nächstliegende ist. Prüft man jedoch die Grundlagen der Karlowaschen Beweisführung, so zeigt sich, wieviel des Hypothetischen ihr anhaftet. Die Sentenzenstelle des Paulus selbst enthält nichts von der in sie hineingetragenen Beschränkung. Die Einschränkung wird erst aus der westgotischen Interpretation hergeholt. Diese erläutert den Fall dahin, daß dem in Anspruch genommenen Schuldner von seinem Gläubiger 5 Solidi „*de quacunque ratione*“ geschuldet werden. Die Stelle soll hierin nach Karlowa voraus-

---

[42] Vgl. G. Kretschmar, Secum pensare S. 119, 121.

[43] Vgl. Stampe S. 66; Appleton S. 406 Num. 3, 314, 395; Longo in der Rivista Italiana Bd. 22 S. 108; wegen der grundlegenden Erwägungen schon Jhering, Geist IV (3) S. 70.

setzen, „daß die vom Gläubiger geltend gemachte Forderung einem Abrechnungsverhältnisse, einer *ratio*, angehört, in welchem er mit dem Beklagten stand und in demselben nur einen einzelnen Posten ausmacht.“ — Daß aber dieses *„de quacunque ratione“* in dem speziellen Sinne von „Rechnungsverhältnis“ stehe, ist durchaus unwahrscheinlich. Weshalb wird nur für die eine Forderung die Zugehörigkeit zu dem Rechnungsverhältnis betont, während Voraussetzung für die Anwendbarkeit dieses besonderen Kompensationsverfahrens nach der eigenen Ausführung KARLOWAS sein würde, daß beide Schuldposten diesem Rechnungsverhältnis angehörten?[43a] Das *„de quacunque ratione“* ist vielmehr gleichbedeutend mit der Redewendung, welche in Verbindung mit *debitum* und *debere* stehend in den Quellen vorkommt: *„ex quacumque (qualibet) causa“*, s. l. 1 § 6 D. 13, 5, l. 11 D. de V. S. 50, 16; vgl. ferner *„ex quacumque actione vel persecutione“* (l. 10 D. eod.). Das Hauptargument KARLOWAS ist also hinfällig; weitere Stellen[43b] zieht er nur unterstützend heran. Sie sind zum großen Teil in der hier vorliegenden Arbeit in einem Sinne interpretiert, der, wenn er zutrifft, die KARLOWAsche Deutung ausschließt. Ein weiteres Bedenken gegen die Schlüssigkeit der Beweisführung KARLOWAS ergibt sich aus folgendem Umstande: KARLOWA zieht als Argument für die Ausdehnung der Argentarierklage auch den Ausspruch Labeos in l. 13 D. de comp. 16, 2 heran. Hiernach hätte diese Ausdehnung schon zu Labeos Zeiten mindestens begonnen, hätte also Gaius bekannt sein müssen. Dies steht aber mit Gaius' Bericht in Widerspruch, der bei Besprechung der *actio cum compensatione* deren erweiterte Zuständigkeit nicht hätte mit Stillschweigen übergehen dürfen.

Der oben skizzierte Lösungsversuch APPLETONS vermeidet die Schwierigkeiten, auf welche die vorbesprochenen Meinungen stoßen, verfällt aber dafür in eine andere, auf den Umfang des Kompensationsrechts bezügliche. Daß nur die nach Höhe und Existenz feststehende Gegenforderung zur wirksamen Entgegen-

[43a] Vgl. besonders Röm. Rechtsgeschichte II S. 1395 zu l. 13 D. de comp. 16, 2.

[43b] l. 6, § 3 D. de edendo 2, 13, l. 4, l. 13, l. 21 D. de comp. 16, 2, l. 4 C. de comp. 4, 31.

setzung mittels *exceptio doli* geeignet gewesen sei, beruht auf einer Kombination, welche bei näherem Zusehen nicht Stich hält.[44] Das einzige positive Argument, welches APPLETON hierfür beibringt, läuft darauf hinaus: Wenn Kompensation mit nicht liquiden Forderungen auf dem Wege der Entgegensetzung der *exceptio doli* zulässig gewesen sei, so lasse sich der Zweck der Konstitutionen nicht einsehen, welche bei *mutuae petitiones* den Aufschub der *actio iudicati* bis zur Fällung des Urteils über die Gegenforderung anordneten. Sie würden nur durch die Annahme verständlich, daß dem Beklagten bei Nichtliquidität seiner Forderung durch den Aufschub ein Mittel habe gewährt werden sollen, widerklagsweise seine Forderung zum Zweck der Kompensation liquid zu stellen.[45]

Nun fehlt aber in den Quellen bis zu Justinian jeder Hinweis auf das Erfordernis der Liquidität.[46] Sie machen vielmehr den Eindruck (vgl. besonders l. 2 C. h. t. 4, 31[46a]), als sei es der Kognition des Richters im konkreten Falle überlassen geblieben, wieweit in der Nichtberücksichtigung der Gegenforderung ein *dolus* des Klägers liege. Beachtet man dies, so findet der Erlaß der Konstitutionen eine andere Erklärung, als die von APPLETON aufgestellte. Der Grund zu ihrem Erlasse lag dann darin, daß der Beklagte bei lediglich verteidigungsweiser Geltendmachung der Kompensation durch *exceptio doli* wegen der Freiheit des richterlichen Ermessens keine volle Sicherheit hatte, daß im konkreten Falle die Kompensation vollzogen werden würde. Deshalb mochte dem zum Angriff bereiten Beklagten durch die Konstitutionen noch ein anderer, sichererer Weg, zur Kompensation zu gelangen, eröffnet werden. Aber auch abgesehen hiervon haben die Konstitutionen eine durchaus verständliche Funktion für den Fall, daß die Entgegensetzung der *exceptio doli* versäumt worden war. Hier füllten sie die Lücke aus, welche infolge der Notwendigkeit des Vorbringens der *exceptio* vor Abfassung der *formula* hinsichtlich der Kompensationsmöglichkeit be-

---

[44] Gegen APPLETON auch GEIB S. 48 f.

[45] APPLETON S. 266 f.

[46] Vgl. auch LONGO a. a. O. S. 109 f.

[46a] S. auch l. 7 § 1 D. h. t. 16, 2.

stand.[47] Kurz, mit der Existenz der Konstitutionen ist es durchaus verträglich, daß neben ihnen eine nicht durch Widerklage vermittelte Kompensation erst liquid zu stellender Forderungen bestehen konnte. Nur muß der Nachweis geliefert werden, daß der Formularprozeß ein hierfür geeignetes Verfahren besaß.

§ 4.

Zwei Umstände standen im *stricti iuris iudicium* der gerichtlichen Kompensation entgegen; einmal der Grundsatz der Einfachheit des Anspruchs; denn er schloß die Geltendmachung nicht auf demselben Grunde beruhender Gegenansprüche aus;[48] sodann, bei den Klagen mit *intentio certa,* die den Urbestand des *iudicium strictum* bildeten,[49] die Formelfassung; denn sie verhinderte den Richter, soweit nicht, wie im Fall des *argentarius* und des *bonorum emtor* besondere Vorkehrungen getroffen waren, das Ergebnis einer Kompensation in der *condemnatio* zum Ausdruck zu bringen.

Sobald der Rechtsgedanke durchdrang, daß unter Umständen ein *dolus* des Klägers auch dann vorhanden sei, wenn er eine Gegenforderung, die nicht in materiellem Zusammenhang mit seiner Forderung stand, nicht berücksichtigte,[50] verlor der erste Hinderungsgrund seine Bedeutung. Es handelte sich nunmehr nur noch darum, eine prozessuale Form zu finden, durch welche die Kompensation herbeigeführt werden konnte.[51] Einen Anknüpfungspunkt hierfür bot die freiere Stellung des Richters im

[47] Die nur beschränkt zulässige *in integrum restitutio* genügte offenbar dem Bedürfnis nicht. Einem Mißbrauch der erst nachträglich erhobenen Widerklage zu Verschleppungszwecken konnte der Prätor einfach dadurch entgegentreten, daß er sie an einen anderen Richter verwies, vgl. Dernburg S. 248 Note d; Appleton S. 410. — Andere Auffassung der Konstitutionen bei Eisele, Zeitschrift der Savignystiftung Bd. 17 S. 352 und Longo a. a. O.

[48] Jhering, Geist des röm. Rechts IV (3) § 50 S. 20 f.

[49] Vgl. Keller-Wach, Röm. Zivilprozeß (6) § 88 S. 456.

[50] S. oben § 2 S. 9 f.

[51] Über die im alten Zivilrecht hervortretenden Versuche, die Kompensation unter Festhaltung des obigen Grundgedankens mit den Mitteln des Zivilrechts zu ermöglichen, siehe die interessanten Ausführungen Jherings, Geist IV S. 64, 68 f.

bonae fidei iudicium. Es fragt sich, ob auf Entgegensetzung der *exceptio doli* nicht die Formel in solcher Weise gestaltet werden konnte, daß sie bei Wahrung des Charakters des *strictum iudicium* doch soviel von der Eigentümlichkeit des *bonae fidei iudicium* in sich aufnahm, daß sie dem Richter den Kompensationsvollzug ermöglichte. Solche Möglichkeit bestand nun zweifellos. Sie war durch eine weitverbreitete und in den Quellen vielbezeugte Sitte ohne weiteres gegeben. Die Parteien konnten über die beiderseits geltend gemachten Ansprüche Novationsstipulationen mit *formula incerta* vornehmen;[52] und sie konnten dieser Stipulation die *doli clausula* hinzufügen.[53] Wenn nunmehr der Kläger seinen Anspruch — formell jetzt mit der *actio ex stipulatu* — geltend machte, und der Beklagte die *exceptio doli* entgegensetzte,[53a] so bestand für den Richter weder ein materielles noch ein formelles Hindernis mehr, die Kompensation vorzunehmen. Ein materielles nicht, weil der Mangel des rechtlichen Zusammenhangs des Gegenanspruchs mit der Klagforderung die Kompensation nicht mehr ausschloß.[54] Ein formelles nicht, weil die *formula incerta* dem Richter ermöglichte, auf soviel zu erkennen, als ohne *dolus* gefordert werden konnte.[55]

Aber mehr: wenn die Parteien, besonders der Kläger, nicht zum Abschlusse solcher Stipulationen bereit waren, so konnte der Prätor darauf hinwirken; dem Kläger gegenüber dadurch, daß er ihm die *condictio certi* nur mit inserierter *exceptio doli* verlieh und ihn dadurch der Gefahr völliger Sachfälligkeit aussetzte; dem Beklagten gegenüber durch Versagung der Inserierung der *exceptio doli* in die Klagformel. Die Stipulation wurde dann zur *stipulatio praetoria,*[56] enthielt als solche die *clausula doli* in sich[57]

[52] Ein Beispiel hinsichtlich der *condictio* ist uns in l. 29 § 1 D. de V. O. 45, 1 erhalten: „*quod ex causa condictionis dare facere oportet?*" vgl. l. 72 § 3 D. de solut. 46, 3, l. 75 § 6 D. de V. O. 45, 1.

[53] l. 53, 119 D. de V. O. 45, 1.

[53a] l. 4 § 15 D. de dol. exc. 44, 4.

[54] Vgl. oben S. 9 f.

[55] Vgl. Gai. IV 54 und Siber S. 8, 10 f.

[56] Arg. l. 52 pr. D. de V. O. 45, 1; vgl. l. 1 §§ 2, 4, 9 D. de stip. praet. 46, 5.

[57] Die ständige Insertion dieser Klausel bei der prätorischen Stipulation ist sicher, s. l. 5 pr. D. usufr. quemadm. cav. 7, 9, l. 1 pr., l. 3 pr. § 6 D. si

und unterfiel der Gruppe der *stipulationes cautionales „quae instar actionis habent et, ut sit nova actio, intercedunt“* (l. 1 § 2 D. de stip. praet. 46, 5).[57a] Überdies mußte die Verwendung solcher beiderseitigen Stipulationen dem Prätor vom Sponsionsverfahren her besonders nahe liegen. Ja, sie erscheinen als die gegebene Parallele zum Verfahren mit *sponsio poenalis*, indem hier *sponsio* und *restipulatio* sich als bedingte Stipulationen mit *formula certa*, dort aber in dieser Anwendung als der Form nach pure Stipulationen mit *formula incerta* darstellen.

§ 5.

Nachdem die Tauglichkeit solcher prätorischen Stipulationen *„quae instar actionis habent et incertam quantitatem continent“* zur Herbeiführung gerichtlicher Kompensation dargetan worden ist, erhebt sich die Frage, ob ihre Verwendung zu diesem Zwecke auch positiv aus den Quellen nachgewiesen werden kann. In der Tat glaube ich, daß dieser Nachweis zu erbringen ist, wenn auch die direkten Hinweise offenbar von den Kompilatoren beseitigt worden sind. Übrigens darf man sich diese Hinweise im Urtext nicht als sehr zahlreich und aufdringlich vorstellen. Denn der Abschluß prätorischer Stipulationen als Mittel der Einwirkung auf das *iudicium* lag im Formularprozesse so sehr auf der Hand,[58] daß die Juristen gewöhnlich kaum ein Bedürfnis verspürt haben werden, ausdrücklich darauf hinzuweisen.

cui plus leg. 35, 3, l. 1 pr. D. ut leg. 36, 3, l. 5 § 3 D. de coll. bon. 37, 6, l. 21 § 2 D. de oper. nov. nunc. 39, 1, l. 6, l. 19 pr. §§ 1, 2 D. iud. solvi 46, 7, l. 22 § 7 D. rat. rem. 46, 8; vgl. Savigny, System V S. 500 f.; Keller-Wach, Röm. Zivilprozeß (6) S. 388 Note 892; Birkmeyer, Exzeptionen im bon. fid. iudicium S. 150 f.; Lenel, Edictum Tit. XLV §§ 280 f. S. 407 f. Zur Klagformel vgl. lex Rubria XX 26 f., 35 f.

[57a] Über die Theorie der prätorischen Stipulationen im allgemeinen vgl. die trefflichen Ausführungen Bekkers in seinen Aktionen II Kap. XVI S. 35 f.

[58] Nachweise bei Savigny, System V S. 499 f. Eine wichtige, bisher als solche nicht bemerkte Bestätigung dieser Ansicht liegt darin, daß in den Quellen häufig der Ausdruck: *„incerti agere“* für materielle Kondiktionstatbestände auftritt. Dies deutet auf die prozessuale Zurichtung dieser Ansprüche durch prätorische Stipulationen. Besonders deutlich tritt dies in der bekannten Julianstelle l. 2 §§ 3, 4 D. 39, 5 zutage. Vgl. auch unten S. 65.

Es handelt sich zunächst um die Bezeugung des Grundgedankens, daß die Kompensation im *stricti iuris iudicium* dadurch ermöglicht wurde, daß durch die Formelfassung der *bona fides* eine, wenngleich beschränkte, Einwirkung gewährt wurde.

Hierfür ist folgende Erwägung von grundlegender Bedeutung: Sobald dem Beklagten der strengen Klage gegenüber die Berufung auf *dolus* des Klägers gestattet wird, drängt die Gerechtigkeit dazu, auch dem Kläger ein Mittel zu geben, die zu seinen Gunsten sprechenden Billigkeitserwägungen in den Prozeß einzuführen. Müßte er nämlich bei seiner *condictio certi* verbleiben, während zugunsten des Beklagten die *exceptio doli* der Formel inseriert würde, so träfe ihn wegen der exklusorischen Funktion der Einrede die Gefahr, ganz abgewiesen zu werden, auch wenn sein *dolus* an sich nur einen vielleicht geringen Teil des geltend gemachten Anspruchs entkräften würde. Mit anderen Worten, der Kläger muß gegen unbillige Ausnutzung der Prozeßgefahr durch den Beklagten geschützt werden.[59] Im älteren Recht geschah dies dadurch, daß dem Kläger in solchem Falle die Wahl des Arbitriums statt des Judiciums freigestellt wurde. Hieraus erklären sich Stellen wie die Bemerkung Ciceros p. Q. Roscio cap. 4: „*ceteri cum ad iudicem caussam labefactari animadvertunt, ad arbitrum confugiunt*“ und Seneca, de beneficiis III 7: „*Praeterea quaecunque in cognitionem cadunt, comprendi possunt et non dare infinitam licentiam iudici. Ideo melior videtur condicio causae bonae, si ad iudicem, quam si ad arbitrum mittitur, quia illum formula includit et certos quos non excedit terminos ponit, huius libera et nullis adstricta vinculis religio: et detrahere aliquid potest et adicere sententiam suam, non prout lex aut iustitia suadet, sed prout humanitas aut misericordia impulit, regere.*“ Überdies findet sich eine direkte Anspielung darauf, daß die Konstituierung eines Arbitriums die bei strikten Klagen formell ausgeschlossene Kompensation ermöglichen würde, schon bei Seneca.[60]

[59] Diese Notwendigkeit trat historisch natürlich bereits vor der Verwendung der *exceptio doli* zu Kompensationszwecken zutage, in dem Augenblick, in dem die Einfügung der *exceptio doli* der strengen Klage gegenüber zulässig ward. Die Möglichkeit der *replicatio* sicherte den Kläger nicht überall genügend.

[60] Um die von ihm behauptete Kompensation von Wohltat und Übeltat

Im späteren Recht tritt bekanntlich der Gegensatz zwischen *arbitrium* und *iudicium* zurück und dafür der andere Gegensatz zwischen *iudicium stricti iuris* und *bonae fidei* stärker hervor.[61] Wir werden daher nach Zeugnissen zu suchen haben, nach welchen im obigen Falle das *iudicium stricti iuris* eine Einwirkung nach Seite der *bona fides* erfährt. In der Tat finden wir diesen Satz zu sehr verschiedenen Zeiten in den Quellen ausgesprochen. Er ist einmal enthalten in einem Scholion des Dorotheos zu Bas. 47. 3. 42:

„*ὡς βόνα φίδε ὄντος τοῦ δικαστηρίου, επειδὴ πανταχοῦ αντιτιθεμένη ἡ τοῦ δόλου παραγραφὴ βόνα φίδε ποιεῖ τὸ δικαστήριον.*“

womit die Bemerkung des Theophilus in seiner Institutionenparaphrase (zu IV. 6, 30) zu verbinden ist:

διάταξις δὲ γέγονε Μάρκου τοῦ βασιλέως ἥτις φησὶν, ἐναγόμενόν με στρίκτᾳ ἀγωγῇ περὶ ί νομισμάτων καὶ ἀντεποφειλόμενον έ, δύνασθαι ἀντιτιθέναι τῇ αγωγῇ τὴν τοῦ δόλου παραγραφήν· καὶ τῆς τοιαύτης ἀντιτεθείσης παραγραφῆς, χώρα δίδοται τῷ δικαστῇ δέξασθαι τὴν κομπεσσατίωνα καὶ εἰς έ μόνα καταδικάσαι νομίσματα.

Man hat freilich die Autorität dieser Aussprüche herabzusetzen gesucht mit der Berufung darauf, daß die Byzantinischen Juristen in ihren Berichten über das vorjustinianische Recht sich oft grobe Mißverständnisse und Ungenauigkeiten haben zu Schulden kommen lassen.[62] Dem gegenüber ist es von ausschlaggebender Bedeutung, daß auch im *corpus iuris* selbst der Satz zweimal enthalten ist.

Sowohl die l. 42 pr. D. de m. c. don. 39, 6, als die l. 3 C. de exc. 8, 35 (36) sprechen in der bei derartigen Rechtsparömien beliebten scharfen, ja allzu scharfen Fassung aus, daß das *iudicium stricti iuris* durch Entgegensetzung der *exceptio* oder *replicatio doli*

zu rechtfertigen, führt Seneca de beneficiis VI 6 auf den Einwand des Liberalis hin (s. oben S. 20) weiter aus: „*Beneficium nullae legi subiectum est, me arbitro utitur. licet me conparare inter se quantum profuerit mihi quisque aut nocuerit, tum pronuntiare utrum plus debeatur mihi an debeam.*“

[61] Statt aller: Keller-Wach, (6) Römischer Zivilprozeß § 88 S. 456 f.

[62] Appleton S. 23 f., 30 f., 50 f.

in ein *iudicium bonae fidei* übergeführt werde. Da jedoch mit großem Aufwande von Scharfsinn in Abrede gestellt worden ist, daß diese Stellen den behaupteten Satz enthalten, so müssen sie einer erneuten gründlichen Prüfung unterzogen werden — eine wichtige Arbeit, welche die bisherige Literatur noch nicht abschließend erledigt hat.

l. 42 pr. D. de m. c. don. 39, 6: *Papinianus libro tertio decimo responsorum. Seia cum bonis suis traditionibus factis Titio cognato donationis causa cessisset, usum fructum sibi recepit et convenit, ut, si Titius ante ipsam vita decessisset, proprietas ad eam rediret, si postea superstitibus liberis Titii mortua fuisset, tunc ad eos bona pertinerent. igitur si res singulas heredes Lucii Titii vindicent, doli non inutiliter opponetur exceptio. b o n a e f i d e i a u t e m i u d i c i o c o n s t i t u t o q u a e r e b a t u r, an mulier promittere debeat se bona, cum moreretur, filiis Titii restituturam. incurrebat haesitatio non extorquendae donationis, quae nondum in personam filiorum initium acceperat. sed numquid interposita cautione prior donatio, quae dominio translato pridem perfecta est, propter legem in exordio datam retinetur, non secunda promittitur? utrum ergo certae condicionis donatio fuit an quae mortis consilium ac titulum haberet? sed denegari non potest mortis causa factam videri. sequitur, ut soluta priore donatione, quoniam Seia Titio superstes fuit, sequens extorqueri videatur. muliere denique postea diem functa liberi Titii si cautionem ex consensu mulieres acceperint, contributioni propter Falcidiam ex persona sua tenebuntur.*

Seia hat ihrem Kognaten Titius ihr ganzes Vermögen (wahrscheinlich mittels *in iure cessio*)[63] schenkungshalber übertragen,

[63] Die *in iure cessio* ist hier, obgleich sie sonst an Häufigkeit weit hinter der *mancipatio* zurücksteht (Gai. II 25) die gegebene Übertragungsform, weil es sich um ein sowohl *res mancipi* als *nec mancipi* enthaltendes Vermögensganzes handelt. Um ihr der lex Cincia gegenüber Wirksamkeit zu verleihen, mußte offenbar auch bei *exceptis personis* Tradition hinzutreten (Fragm. Vat. 310 bezeugen die Perfektion der Schenkung an *exceptae personae* wohl durch Manzipation ohne Tradition, nicht aber für die ohne Tradition erfolgende *in iure cessio*). Nicht ohne Grund wird daher im Text unseres Fragments als wichtiger Umstand hervorgehoben, daß nicht allein das Rechts- sondern auch das Besitzverhältnis der Absicht der Parteien gemäß gestaltet worden ist: Der Beschenkte ist in den Besitz der

sich aber den Nießbrauch vorbehalten. Im übrigen ist vereinbart worden, daß sie das Eigentum an den verschenkten Gegenständen zurückerhalten solle, wenn Titius vor ihr sterbe; daß aber nach ihrem Tode, wenn sie von Kindern des Titius überlebt werde, diesen das Vermögen zukommen solle. Titius stirbt und Seia, die als Nießbraucherin die verschenkten Gegenstände genießt und innehat, sieht keinen Anlaß, von den Erben des Titius die Rückverschaffung des Eigentums zu verlangen. Wohl aber gehen diese mit der Eigentumsklage gegen die Seia vor. Sie können zwar nicht hoffen, mit dem Anspruch auf Herausgabe durchzudringen. Sie wollen aber die Seia zwingen, sich verteidigungsweise auf die getroffene Abrede zu berufen — welche ja auch die dereinstige Rückgabe an sie, die Erben, umschließt. Auf diesem Wege gedenken sie es dahin zu bringen, daß der Seia zur Vermeidung der Restitution auferlegt wird, den Erben wegen der künftigen Herausgabe der Vermögensgegenstände Kaution zu leisten.

Die Entscheidung Papinians bestätigt, daß die Erben sich hinsichtlich der prozessualen Tauglichkeit ihres Vorgehens nicht verrechnet haben. Infolge der Vorschützung der *exceptio doli* durch die Seia wird das *iudicium* als ein der Einwirkung der *bona fides* unterstehendes niedergesetzt (*bonae fidei autem iudicio constituto*). Da nun für das *iudicium bonae fidei* der Satz gilt, daß wegen zukünftiger Ansprüche Kaution verlangt werden kann,[64] so steht dem Verlangen der Erben in der Tat ein prozessuales Hindernis nicht entgegen. Aber die Erben scheitern daran,

einzelnen Gegenstände eingewiesen, die Schenkgeberin aber sofort wieder in die Detention und den Rechtsbesitz eingesetzt worden. Solche Regelung des Besitzverhältnisses neben der durch *in iure cessio* bewirkten Rechtsübertragung findet sich in den Quellen auch sonst hervorgehoben. Vgl. Gai. Inst. II 204 bezüglich der Verpflichtung des Erben zur Leistung des vermachten Gegenstandes: . . . „*heres si (res) mancipi sit, mancipio dare aut in iure cedere possessionemque tradere debet.*" Keller freilich nimmt Zeitschrift f. geschichtl. Rechtswiss. 12 S. 415 an, daß das „*traditionibus*" der Stelle für „*mancipationibus*" interpoliert sei. Vgl. dagegen unten S. 34f.

[64] Den allgemeinen Ausspruch bezeugt l. 41 D. de iudiciis 5, 1; Anwendungsfälle enthalten die l. 24 §§ 2, 6, l. 25 § 4 D. solut. matr. 24, 3 speziell für die *actio rei uxoriae*.

daß ihr Verlangen materiell nicht begründet ist. Die Abrede zu ihren Gunsten kann nicht als Klausel einer bedingten Schenkung unter Lebenden angesehen werden, sondern nur als selbständige *mortis causa donatio*, welche ihrerseits der durch die lex Cincia gebotenen Form ermangelt.[65]

Über die Natur dieses *bonae fidei iudicium* äußert sich Papinian nicht näher. Man kann daran denken, daß der *rei vindicatio* der Erben infolge der Entgegensetzung der *exceptio doli* insofern *bonae fidei* Charakter verliehen wird, als der Richter in die Lage versetzt wird, die obligatorischen Ansprüche, die an sich mit der Eigentumsklage nichts zu tun haben, sondern auf dem abgesonderten Grunde der Schenkung beruhen, durch Auferlegung von Kautionen zu berücksichtigen.[66] Man könnte auch daran denken, daß der Prätor, nachdem er den Kernpunkt des Streites herausgeschält hat, die Parteien dazu bestimmt, ihrem Rechtsstreit eine Form zu geben, welche den beiderseitigen Ansprüchen mehr kongruent ist und zu diesem Ende der Seia nahelegt, ihren persönlichen Anspruch auf Rückübertragung des Eigentums klagweise zu verfolgen, den Erben des Titius aber, ihren behaupteten dereinstigen Rückgabeanspruch verteidigungsweise geltend zu machen. In beiden Fällen führt die Entgegensetzung der *exceptio doli* dazu, daß der Prätor in dem niederzusetzenden *iudicium* dem Richter die Möglichkeit eröffnet, den Anforderungen der Billigkeit zugunsten beider Parteien Rechnung zu tragen.

Gegenüber dieser Deutung der Stelle ist nun aber von KELLER[67] eine andere Auslegung verteidigt worden, nach welcher die Stelle als Zeugnis für den behaupteten Satz nicht angesprochen werden könnte. KELLER geht davon aus, daß die Schenkung unter Verwendung der *fiducia* erfolgt sei, indem den Manzipationen, durch welche sie vollzogen worden, das *pactum fiduciae* der Rückübertragung für den Fall des Todes des Titius und beziehentlich der Seia beigefügt worden sei. Demgemäß erblickt er in den Worten der Stelle „*bonae fidei*" eine Interpolation für

[65] Über diesen letzten Punkt vgl. die klaren und ausführlichen Erörterungen KELLERS in der Zeitschr. f. gesch. Rechtswiss. Bd. 12 S. 417—422.

[66] Dies gegen den Einwand KELLERS a. a. O. S. 408.

[67] a. a. O. S. 400 f., 413 f.

„fiduciae.“ [68] Hierbei nimmt er an, daß mit diesen Worten die Erörterung eines neuen Falles beginne, so daß er also in dem Fragmente zwei verschiedene Möglichkeiten berücksichtigt findet: Die erste, daß die Erben des Titius die Eigentumsklage erheben; die zweite, daß die Seia gegen sie die *actio fiduciae* anstellt. Es muß zugestanden werden, daß ein *pactum fiduciae* die in Frage kommenden Parteiabreden hätte aufnehmen können. Es erhebt sich jedoch ein eigenartiges, bisher, soviel ich sehe, nirgends berücksichtigtes Bedenken dagegen, daß es im vorliegenden Falle zur Erreichung des von den Parteien beabsichtigten Rechtseffektes dienen konnte. Durch die fiduziarische Überlassung wird lediglich formales Eigentum übertragen,[68a] ein Eigentum, dessen Rückfall an den Fiduzianten im erheblichsten Maße erleichtert ist. Den rechtlichen Ausdruck hierfür gewähren die Sätze, welche über die *usureceptio ex fiducia* gelten (Gai. Inst. II 59, 60). Hiernach ist der Rückerwerb des quiritarischen Eigentums durch den Fiduzianten nicht nur in der Richtung erleichtert, daß er die Sache durchgängig binnen eines Jahres *„si eandem possederit“* ohne *bona fides* und *titulus* zurückersitzen kann.[68b] Es tritt noch eine weitere Anomalie ein. Selbst der Umstand steht solchem Rückerwerb des quiritarischen Eigentums nicht durchgängig entgegen, daß der Fiduziant die Sache nur als Detentor des Fiduziars in Händen hat. In diesem Punkt besteht jedoch ein wichtiger Unterschied zwischen der *fiducia cum amico* und der *fiducia cum creditore.* Bei letzterer ist, solange die Schuld nicht beglichen ist, die Rückersitzung der fiduzarisch übertragenen Sache dann ausgeschlossen, wenn dem Fiduzianten auf Grund eines Mietvertrags oder prekaristisch der Gewahrsam der Sache belassen war. Bei der *fiducia cum amico* dagegen tritt der Rückerwerb (ebenso wie

[68] Lenel, Palingenesia I 939, Papinian. 702; Pernice, Labeo III S. 264 Note 1; Oertmann, Die Fiducia im Röm. Privatrecht (1890) S. 39 und Appleton S. 328 sind ihm hierin gefolgt.

[68a] Vgl. schon R. Stintzing, Das Wesen von *bona fides* und *iustus titulus* S. 20; ferner Sohm, Institutionen (11) § 12 S. 63 Note 15 und Karlowa, Röm. Rechtsgeschichte II S. 389/390.

[68b] Die *usureceptio* charakterisiert sich gerade als Ersitzungsart, bei welcher jemand *„sciens rem alienam usucapit“*.

bei der Pfandfiducia nach Berichtigung der Schuld) unter allen Umständen, also auch dann ein, wenn das Besitzverhältnis zur Sache für den Fiduzianten ursprünglich den Charakter der Detention trug; der Satz „*nemo sibi ipse causam possessionis mutare potest*" ist für diese *usureceptio* außer Kraft gesetzt.[68c]

Dies auf unseren Fall angewendet, ergibt folgendes: Da die Schenkgeberin als Nießbraucherin sofort wieder in die Detention und den Fruchtgenuß der verschenkten Gegenstände eingesetzt wird, so würde dem Beschenkten auf Grund der Rechtssätze, welche über die *usureceptio* bei der *fiducia cum amico* gelten, die unabwendbare Gefahr drohen, daß die Schenkgeberin nach einem Jahre das quiritarische Eigentum an sämtlichen Gegenständen wieder erlangte: „*sane omni modo competit ususreceptio.*"[68d] Damit

[68c] Den Hauptgrund für diese weit über die Grenzen der regulären *usucapio* hinausgehende Kraft der *usureceptio* erblicke ich in folgendem: Gerade bei der fiduziarischen Rechtsübertragung bestand ein wichtiges Interesse des Rechtsverkehrs daran, daß die tatsächliche Ausübung des Rechtsinhalts nicht allzulange vom Rechte selbst getrennt bleibe. Sonst hätte besonders die *fiducia cum amico* leicht zur Schädigung Dritter ausgenützt werden können, die sich im Vertrauen auf das Volleigentum des detinierenden Fiduzianten mit diesem auf Rechtsgeschäfte über die Sache einließen. Um hier den raschen Rückfall des mit dem tatsächlichen Zustand in Widerspruch stehenden quiritarischen Eigentums herbeizuführen, wurde daher selbst dem Detentionsverhältnis keine die *usureceptio* ausschließende Wirkung beigelegt. Bei der *fiducia cum creditore* dagegen stritt das berechtigte Interesse des Gläubigers gegen die Durchführung dieses Gedankens. Daher hindert hier das bestehende Detentionsverhältnis die *usureceptio* so lange, als das Interesse des Gläubigers noch keine Befriedigung gefunden hat.

[68d] Denn Gaius weiß nichts davon, daß die *usureceptio* bei der *fiducia cum amico* eingeschränkt werde, wenn der Gegenstand dem Fiduziar in seinem eigenen Interesse übertragen worden ist. Die *fiducia cum amico* ist eben die typische Form, in welcher das Interesse des Fiduzianten, die Sache einem Dritten anzuvertrauen, zum Ausdruck gelangt. Auf diesen Normalfall („*quo tutius nostrae res apud eum sint*" Gai. II 60) sind die Bedingungen der *usureceptio* zugeschnitten. Mag daher die *fiducia cum amico* auch in Fällen verwendet worden sein, wo der Fiduziar ein selbständiges Interesse hatte; er lief dann offenbar Gefahr, daß die auf das Interesse des Fiduzianten zugeschnittene Geschäftsform seinem Interesse nicht voll gerecht wurde.

würde das Geschäft einer überaus engen zeitlichen Beschränkung seiner Wirksamkeit unterworfen worden sein, die im schärfsten Gegensatz zur Parteiintention gestanden hätte; die Fiducia scheidet daher als Mittel der Schenkung im konkreten Falle aus. Der in Frage kommende Rückübertragungsanspruch der Seia ist vielmehr als *condictio* zu denken.[69] Da ihr der Stoff zur *exceptio doli* entnommen wird, so muß dem billigen Recht auch zugunsten der Erben Einfluß eingeräumt werden.[70] Überdies kann gegen die KELLERsche Auslegung noch ein anderer Einwand, der zuerst von DERNBURG[71] erhoben worden ist, geltend gemacht werden: daß nämlich durch sie eine fühlbare Zwiespältigkeit in die Stelle hineingetragen wird, indem nunmehr der erste Teil, der sich ausschließlich auf die Erhebung der Vindikation durch die Erben des Titius beziehen soll, in keinem rechten Zusammenhang zu der Schlußentscheidung steht.

Bei diesen Bedenken, welche der KELLERschen Auslegung entgegenstehen, scheinen seine Argumente nicht stark genug, um die Annahme einer doppelten Interpolation zu rechtfertigen. Es kommt aber noch hinzu, daß die

> l. 3 C. de except. 8, 35 (36): *Adversus fratrem tuum quondam tutorem legitimum tutelae iudicio si expertus non es, proposita actione consiste. nec timueris exceptionem pacti, si in eo fraudem dolumque admissum probare potes: nam replicatio doli opposita bonae fidei iudicium facit et commentum fraudis repellit*

richtig verstanden das gewonnene Ergebnis bestätigt. Mit dieser Stelle finden sich die Gegner der hier vertretenen Ansicht sehr

---

[69] Hierfür geben Fragm. Vat. 286 einen Anhaltspunkt mit den Worten: „*condicticiae actionis persecutionem competere.*" Eine *actio in factum civilis*, an welche mitunter gedacht worden ist, kommt kaum in Betracht.

[70] Vgl. l. 85 § 2 D. de R. I. 50, 17: „*Quotiens aequitatem desiderii naturalis ratio aut dubitatio iuris moratur, iustis decretis res temperanda est.*" Es liegt hiernach keine Nötigung vor, die Umwandlung des Charakters des Iudiciums als eine unmittelbar infolge der Entgegensetzung der *exceptio doli* eintretende zu denken. Auch die sonstigen Quellenzeugnisse nötigen dazu nicht, weisen vielmehr zum Teil direkt auf ein Eingreifen des Magistrats hin: „*bonae fidei iudicio constituto*" „*χώρα δίδοται τῷ δικαστῇ*".

[71] S. 173 Note 1.

rasch ab. Sie fragen nämlich, wie man hier von einer Umwandlung eines *stricti iuris iudicium* in ein *bonae fidei iudicium* überhaupt reden könne, da ja das in Frage stehende *iudicium tutelae* von Haus aus ein *iudicium bonae fidei* sei.[72] Darauf ist zu erwidern: Die in der Anfrage vorgebrachte Klage ist nicht die *actio tutelae*. Sämtliche Interpreten haben sich irreführen lassen durch die vorhergehende Erwähnung des *iudicium tutelae* und die „*proposita actio*" hierauf bezogen. In Wahrheit ist die Klage, welche der früher Bevormundete anstellen will, nicht die *actio tutelae*, sondern die *actio de rationibus distrahendis*. Für deren Anstellung ist es Voraussetzung, daß die *actio tutelae* nicht erhoben worden ist, und als diese negative Voraussetzung für den Erfolg der *actio de rationibus distrahendis* wird die Nichtanstellung der *actio tutelae* in dem Reskript erwähnt:

l. 1 § 21 D. de tut. et rat. distr. 27, 3: „*In tutela ex una obligatione duas esse actiones constat: et ideo, sive tutelae fuerit actum, de rationibus distrahendis agi non potest, sive contra, tutelae actio quod ad speciem istam peremta est.*"

Es handelt sich also um eine Deliktsklage (sie geht auf das Doppelte des Sachwerts, l. 1 § 20 cit); und wenn auch der Gegensatz zwischen *actiones bonae fidei* und *actiones stricti iuris* streng genommen dem Gebiet der Kontraktsklagen angehört,[73] so ist doch unzweifelhaft, daß der Charakter des Iudiciums bei den Deliktsklagen den strengen, nicht den freien Klagen entspricht; — das Bedenken des Anfragenden gründet sich nun entweder darauf, daß das von ihm geschlossene *pactum*, wenn er auch hierbei vom Vormund übervorteilt worden sei, doch als Sühnevertrag — wie beim *furtum* und bei der *iniuria* — *ipso iure*, nicht wie sonst, nur exzeptivisch gewirkt, also seinen Deliktsanspruch überhaupt zerstört

---

[72] Keller a. a. O. S. 402/403; Appleton S. 331. Die Ungereimtheit des hieraus sich ergebenden Sinnes bewegt Appleton dazu, eine ältere Auslegung Wissenbachs wieder aufzunehmen: „*La réplique de dol opposée rend, autrement dit, restitue, ressuscite l'action de bonne foi, c'est-à-dire l'action de tutelle, qui était éteinte par l'exception de pacte ou de transaction.*"

[73] v. Savigny, System V. S. 118/119. Vgl. Keller, Röm. Zivilprozeß (6) § 88 S. 466 Note 1115.

habe;[74] oder wenigstens, der Anfragende fürchtet die Gefahr der Pluspetition, weil der Vormund auf das betrügerische *pactum* hin gewisse Leistungen bewirkt hatte.[75] Derartige Bedenken sollen durch die Worte des Reskripts: „*replicatio doli mali opposita bonae fidei iudicium facit et commentum fraudis repellit*" beseitigt werden. Der prozessuale Weg ist auch hier nicht genauer angegeben. Fragen wir uns aber, wie die Berücksichtigung der Aequitas am leichtesten erreicht werden konnte, so wird auch hier an eine den Parteien auferlegte prätorische Stipulation „*quae instar actionis habet et incertam quantitatem continet*" mit obligater *clausula doli* und Einfügung der *exceptio doli* in die Klagformel zu denken sein (arg. l. 85 § 2 D. de R. I. 50, 17).

§ 6.

Durch die Ausführungen des vorigen Abschnittes (§ 5) ist eine wichtige Voraussetzung für das Beweisthema sichergestellt worden; der eigentliche Beweis aber, daß die Kompensation auf entgegengesetzte *exceptio doli* hin bei *intentio certa* der Klage durch den Abschluß prätorischer Stipulationen vermittelt worden ist, steht noch aus. Hierfür sind nun folgende Punkte beachtenswert.

Der Institutionenbericht ist in einer bestimmten Richtung merkwürdig vorsichtig abgefaßt: „Auf Grund der Entgegensetzung einer *exceptio doli*" soll auch im *stricti iuris iudicium* nach und nach die Kompensation allgemein eingeführt worden sein. Wäre hierauf weiter nichts erfolgt, als die Insertion der *exceptio doli* in die Formel, so begreift man nicht, weshalb nicht sie als der entscheidende Umstand genannt wird. Diese Zurückhaltung wird aber verständlich, wenn vorher noch eine bestimmte Zurichtung der Klage erfolgte; diese zu erwähnen, hatten die Institutionen-

[74] Vgl. l. 17 § 1 D. 2, 14, l. 27 § 2. D. eod. und l. 11 § 1 D. 47, 10.

[75] Vgl. wegen der Gefahr der Pluspetition bei dieser Klage: Lenel, Edictum § 125 S. 256, der hierfür Cicero de oratore I 36 §§ 166, 167 beibringt.

verfasser keinen Anlaß, weil sie im justinianischen Rechte nicht mehr praktisch war und ihre Erklärung die auf einen Anfänger berechnete Darstellung nur belastet haben würde.

Einen näheren Anhalt gewährt die Erscheinung, daß auffallend oft gerade bei denjenigen Stellen, welche zugestandenermaßen von Kompensation im *stricti iuris iudicium* handeln, die Frage aufgeworfen wird: *„Quid in compensationem deducitur"* oder *„venit"*.[76] Dies deutet auf die Auslegungstätigkeit einer bestimmten Formel gegenüber hin, angesichts deren sich die Frage erhebt, wieweit ein Anspruch von ihr ergriffen wird. Es ist hier auf die vollkommen parallel gehenden Fragen, die in den Quellen bei Erörterung der Stipulationsformel aufgeworfen werden, hinzuweisen.[77] Diese Beobachtung kann aber geradezu verwendet werden, ein volles Verständnis solcher Stellen der Kompensationslehre herbeizuführen, deren Erklärung bisher Schwierigkeiten bereitete. Es sei hier zunächst auf l. 8 D. h. t. 16, 2 hingewiesen.

Gaius libro nono ad edictum provinciale. In compensationem etiam id deducitur, quo nomine cum actore lis contestata est, ne diligentior quisque deterioris condicionis habeatur, si compensatio ei denegetur.

In dieser Stelle wird die Frage erörtert, ob kompensationsweise auch diejenige Forderung zu berücksichtigen ist, wegen deren der Beklagte seinerseits Klage gegen den Kläger bereits erhoben hatte. Wie kann ein Zweifel daran überhaupt aufkommen? Denken wir uns, daß zur Ermöglichung der Kompensation der in Frage kommenden Ansprüche *ex dispari causa* bei *intentio certa* der Klagforderung der Prätor beiden Parteien novierende Stipulationen mit *incerta formula* auferlegt hatte, jede

---

[76] l. 8, 14, 15 h. t. 16, 2.

[77] l. 76 § 1, l. 89, l. 103, l. 125 D. de V. O. 45, 1. Speziell prätorischen Stipulationen gegenüber: l. 81 § 1 D. 45, 1, l. 22 § 5 D. rat. rem 46, 8, l. 32 § 2 D. ad leg. Falc. 35, 2 vv.: *„omnes enim praetorias stipulationes eiusdum interpretationis esse."* l. 1 § 11 D. 35, 3, l. 28 D. 39, 2. Unverkennbare Spuren solcher Auslegungstätigkeit scheinen mir in l. 6 pr. D. h. t. 16, 2 enthalten zu sein. Die Entscheidung der l. 6 D. h. t. hat zur Voraussetzung den aus l. 1 §§ 1 und 2 D. de novat. 46, 2 bekannten Satz, daß auch die *naturalis obligatio* novierbar ist.

Partei also der andern unter *clausula doli* versprochen hatte, „*quidquid (ex causa condictionis) dare facere oportet (oportebit)*;[78] stellt nunmehr der Kläger die *actio ex stipulatu* an, so erhebt sich betreffs der kompensationsweisen Berücksichtigung der Gegenforderung des Beklagten eine formelle Schwierigkeit; und zwar gerade mit Rücksicht darauf, daß über die Gegenforderung bereits die *litis contestatio* stattgefunden hatte. Hier konnte nämlich wegen des Rechtssprichworts: „*ante litem contestatam dare reum oportere, post litem contestatam condemnari oportere* (Gai. Inst. III 180) argumentiert werden: Die bereits in anderem Prozesse in Streit befangene Gegenforderung kann in diesem Prozeß nicht berücksichtigt werden, denn hinsichtlich ihrer liegt kein *dare facere oportere* mehr vor, sondern nur ein *condemnari oportere*, sie wird also von der prätorischen Stipulation gar nicht ergriffen. Denn wie genau man es mit der Formelfassung „*dare facere oportet*“ nahm, dafür gibt die l. 76 § 1 D. de V. O. 45, 1 einen schlagenden Beleg. Diesem formellen Bedenken gegenüber betont Gaius einen materiellen Grund, der von der Aequitas hergeholt ist: Der Beklagte, der durch die Klaganstellung sein Interesse sorgsam wahrgenommen hat, soll nicht schlechter gestellt sein, als der weniger sorgsame Beklagte, was der Fall sein würde, wenn ihm aus dem erwähnten formularen Grunde die Kompensation versagt würde.[79]

---

[78] Vgl. l. 29 § 1, l. 76 § 1 D. de V. O. 45, 1.

[79] Eine abweichende Erklärung dieses Fragments hat Lenel, Zeitschr. der Savignystiftung f. Rechtsgeschichte IV (1883) S. 115 aufgestellt. Er sieht in der Entscheidung, die er auf den *argentarius* bezieht, einen Beleg dafür, wie wohl der Prätor daran getan habe, die *intentio* der Argentarierformel auf „*amplius quam ipse N° N° debet*, nicht auf . . . *dare oportet* zu stellen, da letztere Fassung die von Gaius zugelassene Kompensation ausgeschlossen haben würde. Appleton folgt dieser Auslegung S. 109 f. seines mehrfach zitierten Werkes in wesentlichen Punkten. Auch er bezieht die l. 8 h. t. auf den *argentarius* und findet in ihr den Satz ausgesprochen, daß der *argentarius* selbst dann noch habe *cum compensatione* klagen müssen, wenn der Kunde bereits gegen ihn wegen der ihm zuständigen geringeren Forderung Klage erhoben hatte. Bei dieser Auslegung scheint mir weder der Zweifel des Gaius, noch die Art, in welcher er ihn beseitigt, erklärt. Ein Zweifel daran, daß der *argentarius* auch nachdem er von dem Kunden belangt worden ist, diese Summe noch „*debet*“, kann überhaupt nicht auf-

Zweifellos kam für Gaius unterstützend in Betracht, daß die Litiskontestation eine Naturalobligation übrig läßt, welche an sich durch die Stipulation noviert und also für die Kompensation bereitgestellt werden konnte: l. 1 § 1 D. de novat. 46, 2.

Mit der Rolle, die hiernach den prätorischen Stipulationen in der Entwicklung der gerichtlichen Kompensation zugeschrieben wird, steht es im vollkommensten Einklang, daß gerade bei ihnen zuerst von allen Klagen des strengen Rechts die Zulässigkeit der Kompensation hervortritt.[79a] In dieser Richtung beansprucht eine in l. 10 § 3 D. h. t. 16, 2 erhaltene Notiz über die Stellungnahme Julians zu unserer Frage ein besonderes Interesse. Nachdem Ulpian ausgeführt hat:

„*In stipulationibus quoque quae instar actionum habent id est praetoriis, compensatio locum habet*“ fügt er hinzu: „*et secundum Iulianum tam in ipsa stipulatione quam in ex stipulatu actione poterit obici compensatio.*“

Ulpian denkt nur an das allgemeine Kompensationsverfahren, das sich infolge des Mark Aurelschen Reskripts auf dem Wege der Entgegensetzung der *exceptio doli* mit anschließenden prätorischen Stipulationen entwickelt hat. Zu Julians Zeit existiert die *exceptio doli* als allgemeines Mittel, die Kompensation in die Wege zu leiten, noch nicht, aber bereits ist die Verwendung prätorischer Stipulationen zum Kompensationszwecke entdeckt. Nur tut der Beklagte gut, sich die Kompensation bei Abgabe des Versprechens vorzubehalten;[80] tut er es nicht und setzt sie

---

tauchen und ist keiner Widerlegung wert. Das offenbar vorhandene formelle Bedenken aber wird von Gaius nicht widerlegt, sondern nur durch eine Billigkeitserwägung unterdrückt.

[79a] Eine interessante Parallelerscheinung liegt darin, daß die Verurteilung in die *omnis causa* zuerst von allem *stricti iuris actiones* bei der *actio ex stipulatu* aufgekommen ist. Auch hier stand ja ein, wenn auch nicht so schwerwiegendes, formelles Bedenken insofern entgegen, als die Formel einen Hinweis auf die *omnis causa* nicht enthält. Der Satz selbst, der sich nur durch Einwirkung der Aequitas erklären läßt, ist bereits von Sabinus und Cassius vertreten worden: l. 38 § 7 D. de usur. 22, 1.

[80] Vgl. schon Labeo, l. 13 D. h. t. 16, 2: „*Quod Labeo ait, non est sine ratione, ut, si cui petitioni specialiter destinata est compensatio, in ceteris non obiciatur.*“

erst der *actio ex stipulatu* entgegen, so ist zwar auch hier die Kompensation nicht ausgeschlossen. Es hängt aber hier offenbar rein vom Ermessen des Prätors ab, ob er durch Androhung einer *exceptio in factum* den Kläger dazu bestimmen will, die Kompensation über sich ergehen zu lassen. Diese Deutung der Stelle liefert zugleich eine Erklärung für ihren oft bemerkten, recht ungeschickten Bau, der mitunter zur Vermutung einer Interpolation durch die Kompilatoren geführt hat. Es liegt nämlich auf der Hand, daß Julian seinen Ausspruch auf diejenigen prätorischen Stipulationen, *„quae instar actionum habent et incertam quantitatum continent“*[80a] beschränkt hat, weil nur hier die Möglichkeit, die Kompensation sofort bei der Eingehung zu vereinbaren, aus dem erwähnten Grunde praktisch von Bedeutung war. Ulpian dagegen, der einen Katalog der Anspruchskategorien geben wollte, bei denen zu seiner Zeit überhaupt allgemein kompensiert werden konnte, mußte natürlich sämtliche prätorische Stipulationen aufführen. Auf seine Rechnung kommt daher jedenfalls der ungeschickte Zusatz: *„id est praetoriis“*, welcher unter dem Anschein einer Erklärung des Julianischen Ausspruchs eine Erweiterung vornimmt.[81]

[80a] Arg. *„ex stipulatu actione“*, welche nur der *stipulatio* mit *formula incerta* entspringt: l. 24 D. de R. C. 12, 1.

[81] Ich übersehe nicht die scharfsinnige Auslegung, welche Lenel, Zeitschr. der Savignystiftung IV S. 117 f. unter vielseitiger Zustimmung (vgl. z. B. G. Kretschmar, Secum pensare S. 27, Chenevière, Histoire de la compensation thèse 1892 S. 46/47; Appleton S. 178 f.) aufgestellt hat. Lenel bezieht bekanntlich die Stelle auf die *actio Rutiliana* und findet hierfür eine starke Stütze an der Inskription. Hiernach soll Ulpian ursprünglich von der *deductio* des *bonorum emtor* gehandelt haben und erst die Kompilatoren sollen für *deductio* die *compensatio* eingesetzt haben. Die Möglichkeit, daß es sich so verhalte, ist natürlich nicht von der Hand zu weisen. Aber die Inskription beweist hier weniger als sonst. Wo sollten wohl die spätklassischen Juristen das zu ihrer Zeit geltende Kompensationsrecht im *stricti iuris iudicium* anders besprechen, als im Anschluß an die *compensatio* des *argentarius* oder die *deductio* des *bonorum emtor?* Und Lenel selbst geht ja davon aus, daß im Eingang unserer Stelle nicht ein Fall der *deductio*, sondern im Gegensatz dazu ein Fall echter Kompensation stehe. Weshalb soll nun der Fortgang der Stelle nicht weiter von der Kompensation gehandelt haben, über welche eine zusammenhängende Auseinandersetzung

Aus den vorstehenden Ausführungen läßt sich ein wichtiger Fingerzeig für die Tragweite der Neuerung Mark Aurels entnehmen. Man wird seinem Reskript nicht die Bedeutung zuschreiben können, ein neues Verfahren eingeführt zu haben. Es verallgemeinerte nur einen Rechtsgedanken, der in einzelnen Anwendungen schon früher hervorgetreten war. Schon vor Mark Aurel gewährte der Prätor in einzelnen Fällen eine *exceptio in factum* (s. oben S. 9 f.). Die Besorgnis, auf Grund dieser vollkommen abgewiesen zu werden, wird den Kläger in vielen Fällen zur Eingehung prätorischer Stipulationen behufs Herbeiführung der Kompensation geneigt gemacht haben. Ja, in manchen Fällen werden die Parteien aus freien Stücken solche Stipulationen eingegangen sein, um dem Richter die bei der Klage mit *intentio certa* direkt nicht vorhandene Möglichkeit zur Vornahme der Kompensation zu gewähren. Hieraus erklärt es sich zwanglos, daß in den Quellen auch vor der Zeit Mark Aurels Kompensationen im *stricti iuris iudicium* vorkommen, die sich den Gaianischen Fällen nicht unterordnen lassen. Die Bedeutung des Reskripts Mark Aurels wird also im Einklang mit der Natur der Reskripte überhaupt lediglich darin zu suchen sein, daß es die Befugnis des Beklagten zur Berufung auf Kompensation erweiterte und verallgemeinerte. Der prozessuale Ausdruck hierfür besteht darin, daß die *exceptio doli* an die Stelle der früher in vereinzelten Fällen gegebenen *exceptio in factum* einrückt. Das übrige Verfahren, die Eingehung prätorischer Stipulationen war bereits dem früheren Rechte bekannt.

Den Gang des Verfahrens wird man sich in der Zeit nach dem Reskript Mark Aurels folgendermaßen vorzustellen haben:

Wenn der Beklagte mit Berufung auf seine Gegenforderung die *exceptio doli* vorgeschützt hat, stellt der Prätor den Parteien anheim, über die beiderseitigen Ansprüche *stipulationes incertae*

---

hier der *deductio* angefügt war? Daß sich auch bei dieser Annahme ein plausibler Sinn ergibt, hoffe ich dargelegt zu haben. Und sollte Ulpian über das neue Kompensationsrecht so wenig geschrieben haben, daß die Kompilatoren, um Material zu gewinnen, die nicht passenden Spezialfälle erst mühsam durch Interpolationen mundgerecht machen mußten?

mit *doli clausula* abzuschließen.[82] Gehen die Parteien hierauf ein, so klagt nunmehr der Kläger mit der Formel, welche in

[82] Sein direktes Vorbild hatte dieses Verfahren in den Stipulationen, welche bei den zweiseitigen Geschäftsobligationen von *bonae fidei* Natur, namentlich beim Kauf unter den Parteien üblich waren. Vgl. Seneca, de beneficiis III 15: „*Utinam nulla stipulatio emptorem venditori obligaret!*", ferner l. 27 D. de novat. 46, 2, l. 89, 76 § 1 D. de V. O. 45, 1 einerseits, die den Verkäufer verpflichtende *stipulatio habere licere* und *duplae* anderseits. Dazu Bechmann, Kauf I S. 348 f., 353 f., 360, 361 f. und speziell zu der durch Stipulation vermittelten Haftung des Verkäufers: Rabel, Haftung des Verkäufers I S. 28 f. — Ein Beispiel für gegenseitige prätorische Stipulationen in l. 8 D. usufr. quemadm. cav. 7, 9.

Ich erwarte nicht den Einwand, daß durch das hier angenommene Kompensationsverfahren die Parteien ihre vor der Eingehung der Stipulationen begründeten Zinsansprüche und die Akzessionen ihrer Forderungen verloren hätten (l. 27 D. de novat. 46, 2). Für den Kläger trifft dies hinsichtlich des Zinsanspruchs schon deshalb nicht zu, weil die Zinsen bei der vorausgesetzten *condictio certi* überhaupt nur auf Grund einer besonderen Stipulation einklagbar sind, dann aber auch nicht bloße Akzession des Hauptanspruchs bilden, also schon aus diesem Grunde durch die Novation der Hauptforderung nicht vernichtet werden können. Was aber die Zinsen des etwa opponierten Anspruchs *bonae fidei* und die Erhaltung der Akzessionen angeht, so hat die Bezeichnung der hier in Betracht kommenden prätorischen Stipulationen als „*instar actionum*" offenbar den Sinn, daß ihre Wirkung nicht durchgängig nach dem privatrechtlichen Novationsgesichtspunkt, sondern nach Analogie der *litis contestatio* zu beurteilen sei. Hiernach ist die Erhaltung der Akzessionen mit Ausnahme der auch bei der *litis contestatio* untergehenden Bürgschaft von selbst gegeben, die der unselbständigen Zinsen im Hinblick auf l. 35 D. de usur. 22, 1, l. 76 § 1 D. de V. O. 45, 1, l. 1 § 13 D. ut. leg. serv. 36, 3 in hohem Maße wahrscheinlich. Sollten jedoch über letzteren Punkt Zweifel bestanden haben, so stand nichts im Wege, rücksichtlich ihrer eine besondere Zinsstipulation anzuordnen: l. 52 pr. D. de V. O. 45, 1. Vgl. noch l. 29 D. de novat. 46, 3 u. Keller-Wach, Röm. Zivilprozeß (6) § 60 S. 302 Note 709; H. Krüger, Beiträge zur Lehre v. d. *exceptio doli* S. 196. Gegen die Meinung, daß durch die hier vorausgesetzten Stipulationen die Parteien sich irgendwie den Weg verschränkt hätten, Einwendungen gegen die Gegenforderung vorzubringen, brauche ich wohl kaum Stellung zu nehmen. Daß bei der hier vorausgesetzten *formula incerta* der Stipulation die neue Forderung nicht etwa unabhängig vom Bestande der alten zur Entstehung gelangt, erkennt selbst Bähr an (Anerkennung als Verpflichtungsgrund (3) S. 36 Note 14a), der im übrigen in der Annahme des selbständigen Bestandes der neuen Forderung am weitesten geht. Es kann aber auch in der Eingehung solcher Stipuder Hauptsache aus Gai. IV 136 ersichtlich ist. Eine doppelte Modifikation muß jedoch angenommen werden. Einmal wird die Klausel „*ex fide bona*“ Aufnahme gefunden haben.[83] Sodann muß in der *demonstratio* auch die Gegenforderung des Negidius erwähnt worden sein. Darüber, ob außerdem die *exceptio doli* der Formel inseriert wurde, könnte man mit Rücksicht auf die bekannte Kontroverse, wieweit die *clausula doli* auch dem Stipulanten die Verpflichtung zur Meidung eines jeden *dolus* auferlege,[83a] an sich zweifelhaft sein. Für die Entbehrlichkeit der Insertion der *exceptio* spricht aber entscheidend, daß die Parteien hier beiderseits in der Stipulation die Verpflichtung übernommen haben: „*dolum malum abesse afuturumque esse*“, und daß in der Klagformel die Anweisung enthalten ist, *ex fide bona* zu urteilen. Hiernach könnte die Formel etwa so gestaltet gewesen sein:

Iudex esto. Quod A. Agerius de N. Negidio incertum stipulatus est et invicem N. Negidius de A. Agerio; cuius rei dies fuit:[84] *quidquid ob eam rem N. Negidium A. Agerio dare facere oportet ex fide bona, eius N. Negidium A. Agerio condemna, s. n. p. a.*

Mit einer geringen Veränderung konnte diese Formel dem Falle dienen, daß der Beklagte Widerklage erhob; es brauchten dann lediglich die *intentio* und die *condemnatio* alternativ gefaßt zu werden, nämlich:

„*quidquid ob eam rem N. Negidium A. Agerio aut A. Agerium N. Negidio dare facere oportet ex fide bona, eius, iudex, N. Negidium A. Agerio aut A. Agerium N. Negidio condemna rel.*“

Man darf nicht einwenden, daß solche „*confusio formulae*“ nach dem Zeugnisse Senecas de beneficiis VI 5 bei Widerklagen *ex dispari causa* ausgeschlossen gewesen sei. Sie war es selbst

---

lationen, wie der hier vorausgesetzten, keinerlei Anerkennung der ursprünglichen Forderungen erblickt werden; dagegen spricht sowohl die Formulierung als der Stipulationszweck.

[83] Vgl. l. Rubria XX 26 f., 35 f.

[83a] Vgl. Savigny, System V Beil. XIII S. 495 f.; Keller-Wach, Röm. Zivilprozeß § 88 S. 461/462; Birkmeyer, Exzeptionen im *bon. fid. iudicium* § 19 S. 150 f.

[84] Mit Rücksicht auf Gai. Inst. IV 130, 131 einerseits, l. 76 § 1 D. de V. O. 45, 1 anderseits.

zu Senecas Zeiten nicht unbedingt, sondern nur als Regel (s. oben S. 20). Jedenfalls erforderte die mittlerweile eingetretene Erweiterung der Zulässigkeit der Kompensation, daß das prozessuale Mittel der Entfaltung des materiellen Rechts sich anpaßte. Auch in dieser Richtung wird man eine Einwirkung des *bonae fidei iudicium* anzunehmen haben; daß aber hier die *confusio formulae* zulässig war, kann keinem Zweifel unterliegen.[85]

Die Probe auf das Exempel soll sofort durch Interpretation der bisher nicht befriedigend erklärten l. 21 D. h. t. 16, 2 gemacht werden.

> „*Paulus lib. I quaestionum. Posteaquam placuit inter omnes id quod invicem debetur ipso iure compensari, si procurator absentis conveniatur, non debebit de rato cavere, quia nihil compensat, sed ab initio minus ab eo petitur.*"

Als jetzt herrschende Auffassung dieser Stelle kann bezeichnet werden, daß die Eingangsworte von *posteaquam* bis *compensari* im Hinblick auf Justinians Bestimmung in l. 14 C. h. t. 4, 31 von den Kompilatoren eingeschoben worden seien und daß das Fragment sich ursprünglich auf den *argentarius* bezogen habe. Zur Bekräftigung wird namentlich auf die Parallele Bezug genommen, die zwischen den Worten der Stelle „*ab initio minus ab eo petitur*" und denen des Gaius bei Besprechung der Klagformel des *argentarius* (Inst. IV 64) „*ab initio minus .... intendat*" besteht.

Diese zuerst von Bethmann-Hollweg im Rheinischen Museum für Jurisprudenz S. 284 vermutungsweise aufgestellte Erklärung wird gegenwärtig besonders von Lenel (Palingenesia I 1181 Note 6) und Appleton a. a. O. S. 124 f. vertreten; auch Pernice, Labeo II 1 (2) S. 249/280 hat sie sich, wenn auch nicht ohne Bedenken, zu eigen gemacht und Geib a. a. O. S. 132 steht ihr wenigstens nahe. Andere Erklärungen[86] sind vereinzelt geblieben, indem jede von der anderen abweicht.

So viel die herrschende Auslegung auf den ersten Blick für

---

[85] Gai., Inst. III 137. Zu letzterem Punkt vgl. Bekker, Aktionen I S. 241; Appleton S. 239 f.

[86] Vgl. besonders Dernburg S. 329 f.; Eisele S. 164 f.; Siber S. 73 f.; Hartlaub, Der Solutionsgedanke bei der Kompensation S. 105.

sich zu haben scheint, so steht ihr doch ein gewichtiges Bedenken entgegen. Es ist nämlich durchaus nicht einzusehen, wie die Frage, ob der *procurator* des abwesenden Kunden des *argentarius* („*si procurator absentis ab argentario conveniatur*“ nach Lenel und Appleton) *cautio de rato* zu stellen habe, überhaupt aufgeworfen werden konnte.[87] Der *procurator* hat *cautio de rato* nur dann zu stellen, wenn er im Wege des prozessualen Angriffs einen Anspruch des *dominus* geltend macht. Der verteidigungsweise auftretende *procuratur* hat lediglich *cautio iudicatum solvi* zu stellen. Dies geht aus allen einschlägigen Quellenstellen mit Bestimmtheit hervor:

Gai. IV 98, Vat. fragm. 317, 333, l. 33 § 3 D. de proc. 3, 3 §§ 3, 4 I. de satisd. 4, 11.

Bei der Klage des *argentarius* aber hat der Beklagte mit dem Kompensationsvorgange gar nichts zu tun, da der *argentarius* die Gegenforderung von vornherein bei der *intentio* in Abzug zu bringen hat. Es ist ferner zu beachten, daß die Inskription keinen Anhaltspunkt für eine vorzugsweise Berücksichtigung des *argentarius* bietet, da Paulus an der in Frage kommenden Stelle (lib. I *quaestionum*) unzweifelhaft von Kognitoren und Prokuratoren handelte: Lenel, Palingenesia I 1181 Paul. 1273.

Hiernach ist es methodisch erforderlich, vor der Annahme einer Interpolation scharf zu prüfen, ob die Stelle nicht vom Standpunkt des alten Rechts aus eine befriedigende Deutung erhalten kann. Der Schwerpunkt liegt hierbei auf der Frage, wie das Erfordernis der *cautio de rato* für den in Verteidigungsstellung befindlichen *procurator absentis* überhaupt aufgeworfen werden konnte.

Nehmen wir an, daß der richterliche Kompensationsvollzug durch gegenseitige prätorische Stipulationen mit *formula incerta* vermittelt wurde, so liegt die Lösung dieser Frage auf der Hand. Beide Stipulationen, auch die des Prokurators, waren solche,

---

[87] Vgl. schon Schwanert S. 42; Eisele S. 162; Hellmann, Krit. Vierteljahrsschrift Bd. 40 S. 112. Gegen die positiven Lösungen, welche die genannten Schriftsteller vorschlagen vgl. die Ausführungen des Textes.

„quae instar actionum habent“,[88] und hiernach war das Anfordern dieser Kaution gerechtfertigt.[89] Weshalb wird nun doch der *procurator absentis* nach der vorliegenden Entscheidung von ihr befreit? Hier bietet sich zunächst folgende Erklärung dar:

Nachdem auf Grund des Reskripts Mark Aurels allmählich die Meinung herrschend geworden war, daß die Kompensation auch im *stricti iuris iudicium* nichts Singuläres mehr sei, daß der Beklagte vielmehr eine auf Billigkeit beruhende Anwartschaft darauf habe,[90] mußte die formale Erwägung zurücktreten, daß sie hier durch prätorische Stipulationen, *„quae instar actionum habent“* vermittelt wurde. Vor dem Durchdringen dieses materiellen Gesichtspunktes überwog offenbar der prozessuale, von der Verwandtschaft der prätorischen Stipulation mit der *actio* hergeholte, so daß in der Tat die Paulusstelle eine Rechtsänderung in dieser Hinsicht bezeugt: Der *procurator absentis*, der als Kompensant früher *cautio de rato* leisten mußte, wird später von dieser Verpflichtung befreit.

Weshalb gilt aber diese Befreiung nur für den *procurator absentis*, für den *procurator praesentis* dagegen, sofern seine Legitimation nicht außer Zweifel steht, nicht?[91]

arg. l. 9 § 1 D. h. t. 16, 2, l. 20 D. rat. rem hab. 46, 8, l. 1 C. de proc. 2, 12, Vat. fragm. 333.

Die Lösung liegt in den bisher stets mißverstandenen und vielfach den Kompilatoren zugeschriebenen Worten *„inter omnes“*. Der *procurator absentis*, der als Kläger für einen Abwesenden

---

[88] l. 1 § 2 D. de stip. praet. 46, 5, l. 37 pr. D. de O. et A. 44, 7, l. 10 § 3 D. de comp. 16, 2.

[89] Nach der Niederschrift dieses Satzes finde ich den unmittelbaren Beleg in den Quellen: l. 20 D. rat. rem 46, 8 (Ulpian). *„Non solum in actionibus, quas procurator intendit verum in stipulationibus quoque, quas interponi desiderat, si vicem repraesentant actionum, cavere eum de rato oportet.“* Rel.

[90] Vgl. Papinian, lib. III quaest. (l. 36 D. de adm. tut. 26, 7): *„aequitas quae merum ius compensationis inducit;“* l. 6 C. h. t. 4, 31.

[91] Verschiedene, durchgängig nicht befriedigende Versuche, beide Stellen miteinander zu vereinigen, bei Dernburg S. 329 f., 374 f.; Eisele S. 164 f.; Ubbelohde S. 261 f.; Appleton S. 129/130; Leonhard S. 126 f.; Geib S. 134 f.; Siber S. 73, 76.

auftritt, ist gezwungen, gegen jeden auch die Defension des Abwesenden zu führen.[92] Papinian referiert dies mit den Worten: *„cogendum eum adversus omnes absentem defendere."* An sich nun muß aus dem oben angeführten Grunde der *procurator absentis* in allen diesen Prozessen *cautio de rato* leisten, wenn er kompensieren will. Dies erscheint aber gerade hier besonders unbillig, weil er zur Übernahme dieser Prozesse in einem vorher nicht übersehbaren Umfange gezwungen ist, daher in vielen Fällen die Kautionen nicht würde erschwingen können und der Kompensationsmöglichkeit verlustig ginge. Um ihn hier von der Kautionspflicht *de rato* zu befreien, stellt die römische Jurisprudenz die Denkform auf, daß das Recht selbst, gewissermaßen als Äquivalent für die auf Rechtsregel beruhende Belastung, die Kompensation derjenigen Posten gestattet, welche zwischen dem *absens* und den *„omnes"* bestehen, die den *procurator absentis* kraft seiner Defensionspflicht belangen.[92a] Es wird also eine Konsequenz abgelehnt, die aus der prozessualen Form der Kompensationsverwirklichung an sich gezogen werden müßte. Das *„ipso iure"* nimmt jedoch insofern einen beschränkteren Sinn an, als es eine lediglich zugunsten des *procurator absentis* aufgekommene Rechtsregel bezeichnet, welche zur Ausgleichung der ihm kraft Rechtens auferlegten Belastung dient.

Nunmehr konnte auch im Hinblick auf die Eigentümlichkeit der *formula incerta*, welche aus Gai. Inst. IV 54 ersichtlich ist, der weitere Schluß gezogen werden: *„ab initio minus ab eo petitur"*.[93]

---

[92] Vat. Fragm. 330 (Papinian lib. II respons.), l. 33 §§ 3, 4, l. 35 pr. D. de proc. 3, 3.

[92a] Dieser Zusammenhang wird sofort offenbar, wenn man hinter *„conveniatur"* statt des Kommas ein Kolon setzt.

[93] Dieser letzte Punkt ist schon von Siber S. 15 vom Standpunkt seiner dem Kläger unmittelbar gewährten *actio incerta* richtig erklärt worden. Im übrigen weicht seine Interpretation (S. 73 f.) erheblich von der hier gegebenen ab. Nicht unerwähnt kann schließlich die Auslegung Bekkers (Aktionen II S. 357) bleiben. Er hat wohl als erster die Entscheidung der l. 21 D. de comp. unter Voraussetzung einer Formel mit *incerta intentio* zu erklären unternommen. Nur denkt er an zweiseitige Geschäftsklagen im *bonae fidei iudicium.*

Wirft man die Frage auf, wie der Gegner gegen die erneute Klaganstellung des *dominus* geschützt wurde, so kann die Antwort meines Erachtens nicht zweifelhaft sein. War die Kompensation wegen Nichtexistenz der Gegenforderung zurückgewiesen worden (l. 7 § 1 D. h. t. 16, 2), so stand dem *dominus*, wofern er aus der vom Prokurator in der Zeit seiner Abwesenheit eingegangenen prätorischen Stipulation klagte,[93a] die *exceptio rei iudicatae* entgegen (arg. l. 22 D. de novat. 46, 2); klagte er in diesem Falle aus der ursprünglichen Forderung, so unterlag er der *exceptio doli*. Die gleiche *exceptio* hatte offenbar statt, wenn der *dominus* nach Vollzug der Kompensation durch den Richter aus der ursprünglichen Forderung klagte. Stellte er aber in diesem Falle die Klage aus der vom Prokurator eingegangenen Stipulation an, so stand ihm die *exceptio pecuniae pensatae* (l. 19 § 3 D. de prob. 22, 3) entgegen.

Gerade wie im vorstehend erörterten Fragment tritt in l. 18 § 1 D. h. t. 16, 2 einerseits, in l. 8 § 1 D. rat. rem hab. 46, 8 anderseits zutage, daß zwischen der Kompensation und dem sie herbeiführenden prozessualen Mittel eine gewisse Spannung besteht. Die Verwendung novatorischer Stipulationen legt nämlich den Gedanken nahe, durch Novation mit Personenwechsel auch fremde Forderungen zur Kompensation zu bringen. Diese Idee finden wir in

l. 8 § 1 D. rat. rem hab. 46, 8 *Venuleius libro quinto decimo stipulationum: Si procurator a debitore pecuniam exegerit et satisdederit dominum ratam rem habere, mox dominus de eadem pecunia egit et litem amiserit, committi stipulationem: et, si procurator eandem pecuniam domino sine iudice solverit, condicturum. sed cum debitor ex stipulatu agere coeperit, potest dici dominum, si defensionem procuratoris suscipiat, non inutiliter doli mali exceptione adversus debitorem uti, quia naturale debitum manet.*

in die Tat umgesetzt. Der Jurist gestattet hier, daß die Forderung des *dominus*, die auch nach dem Prozeßverlust als naturale

[93a] Wenn der Prokurator sich dazu verstand, ihn seinerseits für diese Klage zum *procurator in rem suam* zu machen, vgl. die Parallele, welche l. 8 § 1 D. rat. rem 46, 8 für die Defension ergibt.

noch besteht, der Forderung seines Schuldners, der aus der verfallenen *cautio de rato* gegen den Prokurator klagt, zur Kompensation entgegengestellt wird. Dies wird auf dem Wege herbeigeführt, daß der *dominus* die Defension seines Prokurators dem klagenden Schuldner gegenüber übernimmt und diesem die *exceptio doli* behufs Kompensation seiner naturalen Forderung entgegenstellt. Der Kläger steht hierauf vor der Alternative, durch Eingehung novierender prätorischer Stipulationen die Kompensation der Naturalforderung des *dominus* gegen seine Klagforderung zu ermöglichen, oder die Gefahr völliger Abweisung zu laufen. In der späteren

> l. 18 § 1 D. h. t. 16, 2: *Papinianus lib. III responsorum: „Creditor compensare non cogitur quod alii quam debitori suo debet, quamvis creditor eius pro eo, qui convenitur ob debitum proprium velit compensare“*

wird der Verwendung fremder Forderungen zur Kompensation im allgemeinen ein Riegel vorgeschoben. Dies ist interessant wegen der offenkundigen Parallele der Tendenz zu l. 21 h. t. Beide Stellen wehren praktisch bedenkliche Forderungen, welche aus dem prozessualen Mittel der Kompensation gezogen werden könnten, ab.

§ 7.

Es bleibt noch die Frage zu erörtern, wie es steht, wenn der Kläger sich gutwillig nicht dazu herbeilassen will, seine *condictio certi* auf dem erwähnten Wege gegen eine Klage mit *incerta intentio* zu vertauschen. Zwang ihn der Prätor dazu durch *denegatio actionis?* Dies dürfte zu verneinen sein. War die Gegenforderung derart undurchsichtig, daß in ihrer Nichtberücksichtigung ein *dolus* des Klägers nicht gefunden werden konnte, so durfte dieser nicht gehindert werden, die *condictio certi* zu riskieren, um sich die mit dieser Prozeßform verbundenen Vorteile zu sichern.[94] Der Zwang zur Kompensation bestand augen-

[94] Das Gleiche gilt natürlich für die *actio de certa credita pecunia,* soweit man sie noch zu klassischer Zeit als besondere, von der *condictio certi* unterschiedene Klage zu denken hat. — In Betracht kommt nament-

scheinlich nur darin, daß dem Kläger, welcher sich weigerte, seinen Klaganspruch in der erwähnten Weise umzuformen, die *condictio certi* nur mit inserierter *exceptio doli* gewährt wurde. In diesem Falle lief er Gefahr, völlig abgewiesen zu werden. Da aber selbst nach dem Reskript Mark Aurels mancher Richter in der Nichtberücksichtigung der Gegenforderung recht häufig (namentlich bei mangelnder Liquidität) keinen *dolus* erblicken mochte, so wird das Bestreben erklärlich, dem Beklagten noch auf anderem Wege zu Hilfe zu kommen. Dies geschieht durch die Suspension der Vollstreckung bis zur Entscheidung über die vom Beklagten erhobene Widerklage, welche die mehrerwähnten Konstitutionen aussprechen (s. oben S. 6). Mit anderen Worten, wenn der Kläger auf seiner *condictio* beharrt und der Beklagte befürchtet, daß nach Lage des Falles die *exceptio doli* nicht durchdringen werde, so kann er noch immer die *mutua petitio* erheben.[95] Dem Kläger bleiben hier die prozessualen Vorteile der *condictio* unverkümmert. Der Beklagte erreicht aber, daß seine Gegenforderung zwar nicht sofort zur Kompensation gelangt, wohl aber zur Wettschlagung gegen die *actio iudicati* des Gegners liquid gestellt wird.[96]

Berücksichtigt man dies, so läßt sich dem Fragment aus Paulus' Receptae sententiae II 5 § 3 (abgedruckt oben unter § 3 S. 22) eine befriedigende Deutung abgewinnen, ohne daß man zur Annahme einer Interpolation schreiten muß. Bei dem hier aufgestellten Kompensationsverfahren trat nämlich eine doppelte Wirkungsmöglichkeit der *exceptio doli* hervor: wählte der Kläger den Weg, durch prätorische Stipulationen zur *actio incerta* zu gelangen, so ermöglichte die hier zwar nicht ausdrücklich, wohl aber virtuell in der Formel enthaltene *exceptio* dem Richter die Vornahme der Kompensation. Bestand der Kläger dagegen auf

---

lich die aus dem Eidesverfahren hervorgehende Prozeßbeschleunigung und der Verfall der *sponsio tertiae partis*, Gai. IV 13, 171. Wegen der sehr bestrittenen Einzelheiten vgl. Karlowa, Röm. Rechtsgeschichte II S. 594 f.; W. Stintzing, Beiträge z. Röm. Rechtsgeschichte S. 37 f., 40 f.

[95] Auf eine Parallelerscheinung im *bonae fidei iudicium* führen l. 7 (8) § 2 D. de neg. gest. 3, 5, l. 1 § 4 D. contr. tut. 27, 4.

[96] l. 16 § 1 D. h. t. 16, 2, l. 2 C. h. t. 4, 31.

seiner *condictio certi*, so setzte er sich bei begründeter Gegenforderung der Gefahr aus, völlig abgewiesen zu werden. Dieser Gegensatz mochte vom Juristen in einer für Anfänger bestimmten, aphoristischen Darstellung, in der auf prozessuale Einzelheiten keine Rücksicht genommen werden konnte, als „*compensare vel deducere*" einerseits — „*causa cadere*" anderseits bezeichnet werden. Denn „*causa cadere*" und das entsprechende „*rem perdere*" bezeichnen im allgemeinen jeden Fall, in welchem trotz materiell vorliegender (wenigstens teilweiser) Berechtigung der Prozeß aus einem formalen Grunde ganz verloren wird. Es kommt nicht darauf an, ob der Verlust eintritt wegen falsch gefaßter *intentio*,[97] oder auf Grund einer *exceptio*, welche eine Zuvielforderung des Klägers aufdeckt. Dies geht klar hervor aus Gaius' Institutionen IV 123, wo ausgeführt wird, daß der Kläger, dem eine *exceptio dilatoria* entgegengesetzt wird, die Klaganstellung verschieben müsse: „*alioquin, si obiecta exceptione egerit, rem perdit.* Anstoß könnte daher in unserer Sentenzenstelle nur der Zusatz „*plus petendo*" erwecken, weil Pluspetition im technischen Sinne, d. h. Zuvielforderung in der *intentio* nicht vorliegt. Der Gebrauch dieses Ausdrucks erklärt sich aber leicht dadurch, daß dem Juristen als Gegensatz die Gestaltung der Sachlage bei der die Kompensation vermittelnden *intentio incerta* vorschwebte. Bei dieser ist jede Art von Pluspetition ausgeschlossen (Gai. Inst. IV 54); gerade deshalb ist sie zur Kompensation tauglich. So mochte dem Juristen für die gegensätzliche, die Kompensation ausschließende Wirkung der Sachfälligkeit bei der *intentio certa* der Ausdruck „*plus petitio*" beifallen. Wenn dieser Ausdruck auch vom technischen Standpunkt aus anfechtbar ist, so bezeichnet er doch treffend den wesentlichen praktischen Gegensatz, welcher in der Wirkung der *exceptio doli* je nach dem Verhalten des Klägers hervortritt.

Die hier aufgestellte Ansicht zeigt in einem Punkte Verwandtschaft mit einer von ORTOLAN angedeuteten,[98] von SIBER,

---

[97] Dies stellt allerdings den Normalfall dar, vgl. Gai. Inst. IV 30; 53.

[98] Explication historique des Instituts (11) 1880. No. 2179 f. — Wieweit etwa und in welchem Sinne bereits ORTOLAN an die Vermittlung der *actio incerta* durch Stipulationen der Parteien gedacht hat, ist schwer zu sagen. In den in Rede stehenden Ausführungen (Num. 2190 S. 670) spricht

Kompensation und Aufrechnung S. 12—16 näher ausgeführten Meinung. Nach SIBER hat man sich die Entwicklung so zu denken, daß in steigendem Maße dem Kläger die Möglichkeit gewährt wurde, statt der *condictio certi* eine *actio incerta* zu erbitten.

Die Ähnlichkeit liegt also darin, daß hier wie dort in der Überführung der *condictio certi* in eine *actio incerta* das prozessuale Mittel zur Herbeiführung der richterlichen Kompensation erblickt wird. Bezüglich der Art der Entwicklung aber und der Stellung des Klägers steht SIBERS Ansicht zu der hier verfochtenen in völligem Gegensatz.

Denn SIBER denkt nicht an eine Vermittlung der *actio incerta* (über deren Formulierung er sich ausschweigt) durch prätorische Stipulationen, sondern an eine allmählich fortschreitende direkte Ersatzmöglichkeit der *condictio* — zunächst der *triticaria*, dann der *condictio certi* schlechthin — durch *actio incerta*. Er sieht folgeweise in dem Kläger nicht denjenigen, der zur Kompensation gedrängt wird, sondern denjenigen, der sich die *actio incerta* an Stelle seiner *condictio certi* erbittet.

Bezüglich der Ersetzbarkeit der *condictio triticaria* kann sich SIBER (S. 13 Note 1) auf KELLER als Vorgänger berufen, der zuerst in der Zeitschrift für geschichtliche Rechtswissenschaft Bd. 15 S. 141—147 den Satz aufgestellt und verteidigt hat, daß

---

er nämlich ganz im allgemeinen davon, daß der Kläger der Umwandlung seiner strikten Klage in eine „*intentio de bonne foi*" zustimmen könne und verweist lediglich beispielsweise auf die Umwandlung der *condictio* in eine *actio ex stipulatu*, welche durch Einfügung der *clausula doli* in die Stipulation erfolge. Daran schließt sich die Verweisung auf Num. 2149 S. 644, welche von der *stipulatio* mit *doli clausula* handelt. — Wenn hiernach ORTOLAN der Vermittlung der *actio incerta* durch Stipulationen der Parteien zum Kompensationszweck eine irgendwie erheblichere Rolle hat zuweisen wollen, so hat er diesen Gedanken doch in keiner Richtung weiter verfolgt, ja, ihn so wenig zum Ausdruck gebracht, daß APPLETON gegen seine Auffassung den aus der nächsten Note ersichtlichen, auf die Formulierung der *actio incerta* bezüglichen Einwand erheben konnte. Überdies erwähnt ORTOLAN von seinem ausgesucht eklektischen Standpunkt aus die Einigung auf eine *actio incerta* nur als eines der Mittel, welche zur Kompensation führen könnten.

man sich „gerade in der späteren klassischen Zeit dem praktischen Bedürfnis zu Liebe allmählich herbeigelassen hat, bei gewissen Formalobligationen mit größerer Fazilität die *actio incerta* statt oder neben der *certa*, welche früher nicht stattgefunden hatte, zuzulassen" und der in etwas anderer und bestimmerer Fassung in seinem Römischen Zivilprozeß (6) § 88 S. 465 erklärt, daß „die *condictio incerti* mit der Zeit in manchen Anwendungen und aus verschiedenen Gründen neben oder anstatt der *condictio certae rei* Platz griff".

Die wenigen von Keller gegebenen Belegstellen rechtfertigen jedoch diese Behauptung nicht. Was die Hauptstelle, die aus dem 22. Buch von Ulpians Ediktskommentar stammende l. 75 D. de V. O. 45, 1 angeht, so behandelte Ulpian in ihr die Voraussetzungen der *actio ex stipulatu*

vgl. Lenel, Edictum § 55 S. 118 und Palingenesia II 547 Num. 675,

somit die Abgrenzung des *incertum* vom *certum.* Naturgemäß begegneten hier, wie bei jeder begrifflichen Scheidung, auf der Grenze liegende Fälle (s. §§ 3, 8 cit. l.); hier erhob sich die Frage, ob, wie bei vorliegendem *incertum,* die *actio ex stipulatu,* oder, wie beim *certum,* die *condictio certi* zu erheben sei. Ulpian sucht in allen Fällen die Lösung durch begriffliche Untersuchung, ob *certum* oder *incertum* vorliege, zu gewinnen. Wenn daher auch, wie es den Anschein hat, der Umfang des *certum* zu den verschiedenen Zeiten Schwankungen ausgesetzt gewesen ist und vielleicht das *incertum* auf Kosten des *certum* Terrain gewonnen hat, so bedeutet dies nicht etwa eine teilweise Vermischung des Gebiets beider Klaggattungen, sondern lediglich eine veränderte Grenzregulierung. Wenn dies noch einer weiteren Bestätigung bedürfte, so würde sie durch

l. 24 D. de R. C. 12, 1 (Ulpian): „*Si quis certum stipulatus fuerit, ex stipulatu actionem non habet, sed illa condicticia actione id persequi debet, per quam certum petitur*"

erbracht. Im Hinblick auf diese Stelle beschränkt denn auch Keller die Vertretbarkeit der *condictio certi* durch die „*condictio incerti*" auf die *condictio certae rei,* während er hinsichtlich der *condictio certae pecuniae,* abgesehen von einem hier nicht in Betracht kommenden Ausnahmefall, die fortdauernde Ausschließung der *condictio incerti* ausdrücklich hervorhebt.

Siber dagegen muß vom Boden seiner Grundauffassung aus die Ersetzbarkeit der *condictio certi* in ihrem ganzen Umfange durch „*actio incerta*" behaupten und sucht sich mit der l. 24 D. de R. C. 12, 1 so gut es gehen will, abzufinden (S. 14 a. a. O.).

Dem gegenüber ist zu betonen: Die scharfe individuelle Prägung der römischen Klagen macht die Annahme beliebiger Vertauschbarkeit auf einseitigen Antrag des Klägers, vor allem bei den wichtigen Grundkategorien, welche hier in Frage kommen, von vornherein mißlich.[98a] Durch die einzelnen Quellenzeugnisse

---

[98a] Vgl. schon Appleton S. 401 Note 1 gegen Ortolan: „... *Comment un créancier d'une somme déterminée pourrait-il rendre son intentio incerta? S'il ne précise pas sa demande, alors il déduira en justice toutes les causes quelconques pour lesquelles il peut être créancier. Point d'intentio incerta sans demonstratio qui vienne préciser la cause de la demande. Il faudra donc une demonstratio.*

Mais alors, autant dire qu'il n'y a plus de formules fixes, et que chaque demandeur rédige la sienne à sa fantaisie. Nous voguons à pleines voiles sur la mer des conjectures illimitées et invraisemblables."

Ferner Mitteis, Jahrb. f. Dogm. Bd. 39 S. 156. — Die sog. *condictio generalis* (l. 9 D. de R. C. 12, 1) kann nicht als Gegenargument in dem Sinne herangezogen werden, daß sie den Parallelfall, nämlich die durchgängige Ersetzbarkeit jeder Klage durch die *condictio certi* bewiese. Denn sieht man von der, erst durch Interpolation herbeigeführten schrankenlosen Erweiterung ab (vgl. dazu besonders Mitteis, Jahrb. f. Dogm. Bd. 39 S. 154f.), so kann als sicher angenommen werden, daß der klassische Text das Vorliegen der sonstigen Erfordernisse der *condictio certi* voraussetzt und nur betont, daß die *condictio certi* weder durch das Vorliegen eines anderen Rechtsmittels, noch dadurch ausgeschlossen wird, daß das zugrunde liegende Rechtsverhältnis sich als „*contractus incertus*" darstellt. Was der „*contractus incertus*" bedeutet, geht aus den §§ 4 f. der l. 9 und aus l. 11 eod. hervor, vgl. auch l. 34 pr. D. mand. 17, 1 und l. 1—4 D. de praescr. verb. 19, 5. Es ist in erster Linie der bedingte Kontrakt, in zweiter derjenige, dessen rechtliche Natur ungewiß, d. h. schwer festzustellen ist, weil er Elemente verschiedener Kontraktstypen enthält. Beiläufig bemerkt, möchte ich auf Grund dessen annehmen, daß die von Mitteis a. a. O. S. 165 als anstößig empfundenen Worte des Prinzipiums: „*dummodo praesens sit obligatio; ceterum si in diem sit vel sub condicione obligatio, ante diem vel condicionem non potero agere*" nicht den Kompilatoren gehören; sie erklären

wird dieses Bedenken noch erheblich verstärkt. Wo wir solchen Übergang von einer Klagkategorie zur anderen anzunehmen Grund haben, werden wir ihn als vermittelt zu denken haben durch Zusammenwirken der Parteien, nötigenfalls unter prätorischer Einwirkung und Regelung. Diese Annahme findet eine starke Stütze in der bekannten Eigentümlichkeit des römischen Prozesses, der überall darauf ausgeht, Begründung, Fortführung, Abänderung des Verfahrens auf Parteiverträge oder wenigstens vertragsähnliche Tatbestände zu gründen (Litiskontestation, Vadimonium, Sponsionen, Kautionen). Als solches Mittel bieten sich, wie oben näher ausgeführt, hier prätorische Stipulationen dar.[99] Die Vorzüge, welche dieses Verfahren in der Hinsicht darbietet, daß die *actio incerta* nur insoweit eintritt, als dies dem berechtigten Interesse beider Parteien entspricht, sind oben S. 51 f. dargelegt worden.

Sobald durch Verwendung der *exceptio doli* zur Herbeiführung der Kompensation im *stricti iuris iudicium* offenbar geworden war, daß auch *ex dispari causa* kraft der Äquitas kompensiert werden könne, mußte das Offizium des Richters im *bonae fidei iudicium* in derselben Richtung eine Erweiterung erfahren.[99a] Dies folgte schon formell aus dem Satze: „*exceptio doli bonae fidei iudiciis*

---

sich meines Erachtens dadurch, daß irrige Folgerungen aus dem allgemeinen Ausspruche, auch aus einem *contractus incertus*, also auch dem bedingten, könne an sich mit *condictio certi* geklagt werden, abgewehrt werden sollten.

[99] Freilich kommen Ausnahmen vor. Es gibt Fälle, in denen aus einer fingierten Stipulation eine Klage gegeben wird. Aber sie sind zur Zeit des Formularprozesses selten und nur bei besonderen Anlässen nachweisbar. Vgl. etwa die Klage bei nicht geleisteter *cautio damni infecti* (l. 7 pr. D. 39, 2 und ihre Formel in der lex Rubria de Gallia Cisalpina XX 22 f.); ferner l. 19 § 1 D. de adopt. 1, 7, endlich l. 3 § 5 D. si cui plus leg. 35, 3. Aus der letzteren, bisher unbeachtet gebliebenen Stelle geht deutlich hervor, daß die vorherige Stipulation die Regel, die Klage aus fingierter Stipulation wenigstens zu klassischer Zeit die Ausnahme bildet. Daher würde auch die Idee zurückgewiesen werden müssen, die behauptete allgemeine Ersetzbarbeit der *condictio certi* durch eine *actio incerta* auf fingierte Stipulationen zu gründen. Daß Justinian schnell mit der Erteilung einer Klage aus fingierter Stipulation bei der Hand ist (l. un. C. de rei uxoriae actione 5, 13), kann dem gegenüber natürlich nicht als Argument für die klassische Zeit herangezogen werden.

[99a] Vgl. Stampe S. 41.

inest.“ Bei den *actiones arbitrariae* wurde offenbar infolge des gleichen Umstandes das *arbitrium* des Richters in dem Sinne ausgedehnt, daß er im *arbitratus*, soweit die Klagforderung ihrem Gegenstande nach kompensabel erschien, der aufrechenbaren Gegenforderung Rechnung tragen konnte.

Bei der hier angenommenen Entwicklung verschwinden die Widersprüche, die bisher unüberwindlich schienen, aus den Quellen. Die Kompensation ist in der Tat auf Grund entgegengesetzter *exceptio doli* allmählich in das *strictum iudicium* eingedrungen.[100] Der Magistrat befindet darüber, ob er durch Androhung der *exceptio* die Kompensation „zulassen“ (*admittere*, l. 2 C. h. t. 4, 31), oder den Kläger „zur Kompensation drängen“ (*cogere*, l. 18 § 1 D. h. t., l. 3 C. h. t.) will. Damit es zur Kompensation komme, ist erforderlich, daß der Kläger dazu „bereit“ ist (l. 2 D. h. t.). Dies ist er, wenn er sich zu dem Verfahren mit prätorischen Stipulationen herbeiläßt und damit die prozessuale Möglichkeit für die Vornahme der Kompensation durch den Richter schafft. In diesem Falle gewinnt, wie nach den sonstigen Nachrichten (s. oben S. 30 f.) zu erwarten, das Judicium insoweit im Interesse der Herbeiführung der Kompensation *bonae fidei* Charakter (vgl. die Formel auf S. 45). Es wird nun zugleich klar, weshalb Gaius dieses Verfahren nicht besonders erwähnte. Einmal war es zu seiner Zeit nur auf Grund einer *exceptio in factum* anwendbar, also noch relativ selten; sodann trug das Judicium einen Doppelcharakter an sich, dessen Erörterung die scharfen Linien der Darstellung verwischt und die Anfänger verwirrt haben würde. Aus der Fassung der Stipulationen und der Klagformel folgt, daß der Richter die Kompensation nur dann zu vollziehen hat, wenn er in der Nichtberücksichtigung der Gegenforderung einen *dolus* des Klägers findet (l. 7 § 1 D. h. t. 16, 2).

Besteht dagegen der Kläger trotz der *exceptio doli* auf seiner *condictio certi*, so führt die Insertion der *exceptio* zu völliger Sachfälligkeit, dem „*causa cadere*“ des Paulus.

---

[100] Denn vorher wurde zwar auch unter Umständen Zwang zur Kompensation geübt und selbst gerichtlich kompensiert, aber nur vereinzelt, auf Grund etwa gewährter *exceptio in factum*.

§ 8.

Hat nun durch das Abkommen des Formularprozesses das hier geschilderte Kompensationsverfahren eine Abänderung erfahren? Es ist dies einmal im Hinblick auf die veränderte Stellung der Exzeptionen im Kognitionsprozeß behauptet worden.[101] Es drängt sich ferner die Frage auf, ob nach der Abschaffung der Formeln[102] das vorstehende, von der feinen Differenzierung der Klagformeln ausgehende Verfahren erhalten bleiben konnte. Die Grundanlage des Kognitionsprozesses, der die Parteitätigkeit in den Hintergrund schiebt und von dem diskretionären Ermessen des Richters beherrscht wird, scheint wenig dazu angetan, das zwar fein ausgebildete, aber stark auf die Parteiinitiative gebaute und nicht gerade einfache klassische Kompensationsrecht zu konservieren.

Anderseits ist schon von Wieding[103] betont worden, die Beseitigung der *formulae* schließe nicht aus, daß wesentliche Elemente des Verfahrens sich im Kognitionsprozesse wiederfinden. Aus weiteren Untersuchungen hat sich trotz mancher Meinungsverschiedenheit im einzelnen die Ansicht herauskristallisiert, daß die streng prozessuale Differenzierung der Aktionen auch nach dem Fortfall der Formel aufrecht erhalten werden konnte, weil die Natur des Anspruchs in der *intentio* des Klägers gerade so gut zum Ausdruck gelangte, wie in der *formula*.[104] Durch neuere Papyrusfunde ist sogar die Wahrscheinlichkeit begründet worden, daß bei der Verweisung der Entscheidung der Sache an *iudices*

[101] Daß deren Nachbringung nach der *litis contestatio* im Kognitionsprozeß in hohem Maße erleichtert und dadurch der Gegensatz zu den *ipso iure* wirkenden Verteidigungsgründen abgeschwächt war, ist sicher, vgl. Bethmann-Hollweg, Röm. Zivilprozeß III § 154 S. 265 f.; vgl. aber auch Wieding, Der justinianische Libellprozeß S. 210 f.

[102] l. 1 C. de form. subl. 2, 57 (58).

[103] Der justinianische Libellprozeß 130 f., 137 f., 185, 253 f., 393 f.

[104] Vgl. schon H. Buchka, Die Lehre vom Einfluß des Prozesses auf das materielle Rechtsverhältnis 1846 II S. 43 f.; ferner Eisele S. 123 f.; Pernice, Volksrechtliches und amtsrechtliches Verfahren in der röm. Kaiserzeit in der Festgabe für Beseler (1885) S. 73; Wlassak, Röm. Prozeßgesetze II S. 60.

pedanei eine Kondemnationsanweisung nicht selten war, welche im wesentlichen der für die *formula* charakteristischen entsprach.[105]

Hierzu tritt das Argument, welches die Aufnahme des Paulusfragments (Rec. Sent. II 5 § 2) in die lex Romana Wisigothorum für die Fortdauer der Zwiespältigkeit des Kompensationsverfahrens liefert.

So scheint dem Ersatz des alten *ordo iudiciorum privatorum* durch den Kognitionsprozeß eine direkt das Kompensationsverfahren umgestaltende Bedeutung nicht zugeschrieben zu werden dürfen. Der Keim zu neuen Entwicklungen lag allerdings in der freieren Stellung, welche dem Richter infolge des Wegfalls der Kondemnationsanweisung überall da zukam, wo der Magistrat selbst erkannte, also von seiner Befugnis zur Delegation der Untersuchung und Entscheidung keinen Gebrauch machte.

Daß aber dieser Keim erst durch die Gesetzgebung zur Reife gelangte, wird deutlich dadurch bewiesen, daß die Sätze über die Pluspetition auch unter der Herrschaft des Kognitionsprozesses zunächst fortbestanden und erst durch eine besondere Verordnung Kaiser Zenos, ja in ihren letzten Ausläufern erst durch Justinian beseitigt wurden.[106] Die Bedeutung dieser Erscheinung für die fortdauernde Geltung des klassischen Kompensationsrechts ist schon von EISELE (S. 123 f.) in mustergültiger Ausführung ge-

[105] Der erste derartige Fall ist von GRADENWITZ im Hermes Bd. 28 (1893) S. 321 f. besprochen und erläutert worden im Anschluß an den Papyrus Nr. 136 der Königl. Museen zu Berlin. Die Untersuchung der Sache wird in dem in Rede stehenden Rechtsfall mit einer Instruktion übertragen, „welche an die Formeln und Reskripte anklingt". Beachtenswert ist ferner, daß in dem fraglichen Fall, wo es sich um Geltendmachung von Verwendungsansprüchen einer Klage aus der Vormundschaftsführung gegenüber handelt, die erwähnte Instruktion die Elemente einer *formula incerta* enthält. Weitere einschlägige Fälle bei MITTEIS, Hermes Bd. 30 S. 580 und Bd. 34 S. 100/101. Der an letzterer Stelle besprochene aus dem Jahr 328 stammende Papyrus ist, worauf MITTEIS besonders aufmerksam macht, dadurch interessant, daß er das Fortbestehen einer prozeßformelartigen an den delegierten Richter adressierten Instruktion noch für das 4. Jahrhundert bezeugt.

[106] Consultatio 5. Paul. Rec. Sent. I 10. l. 1 rest., l. 2 rest., l. 3 C. de plus pet. 3, 10 §§ 33, 34 I. de act. 4, 6. v. BETHMANN-HOLLWEG III § 152 S. 246; MITTEIS, Jahrb. für Dogm. Bd. 39 S. 161 f.

würdigt worden, so daß ich mich, so sehr auch sonst die Auffassung Eiseles über das Kompensationsverfahren des klassischen Rechts von der hier vorgetragenen abweicht, doch wegen dieses Punktes auf ihn berufen kann.

Hiernach spricht die überwiegende Wahrscheinlichkeit dafür, daß das oben dargelegte Kompensationsverfahren des klassischen Rechts wenigstens in seinen Grundzügen bis auf Justinian erhalten geblieben ist. Noch immer stellt also der Magistrat im *stricti iuris iudicium* am Eingange des Verfahrens auf entgegengesetzte *exceptio doli* fest, ob der Kläger die *condictio* mit Gefahr des *causam perdere* bei begründeter *exceptio* wählen, oder ob er mit *intentio incerta* vorgehen wolle, wo der Dolusgesichtspunkt bei begründetem Kompensationsverlangen nur kondemnationsmindernd wirkte. Auch besteht kein stichhaltiger Grund, daran zu zweifeln, daß man zur *actio incerta* nach wie vor auf dem Wege prätorischer Stipulationen gelangte. Nur wird das Bewußtsein ihrer technisch prozessualen Bedeutung mit dem Verfall der Stipulationsform[107] immer mehr zurückgetreten sein; der Stipulationsakt reduzierte sich jedenfalls auf die Vollziehung der formularmäßig ausgefüllten Stipulationsurkunde. Damit fände dann der Umstand, daß die prätorischen Stipulationen in den Berichten über die Entwicklung des Kompensationsrechts nicht besonders erwähnt werden, seine Erklärung.

Soweit es sich indessen um das Verständnis der Justinianischen Neuerungen im Kompensationsrecht handelt, sind wir zum Glück nicht von der Richtigkeit der hier gemachten Annahme abhängig. Auch wenn das vor Justinians Reform geltende Kompensationsrecht nicht mehr das klassische war, mußte er dieses doch, nachdem er es in seinen Digesten in weitestem Umfang wieder hatte zu Worte kommen lassen, bei seiner Reform berücksichtigen, und zwar in dem Sinne, daß ihm gegenüber die zeitgemäßen Abweichungen festzustellen waren. Dies heißt aber nichts anderes, als daß zur richtigen Würdigung der Neuerungen

[107] l. 1, l. 10, l. 14 §§ 1, 2 C. de contr. et committ. stip. 8, 37. Paul. Rec. Sent. V 7 § 2, § 1 I. de V. O. 3, 15, § 17 I. de inutil. stip. 3, 19 Vgl. L. Seuffert, Zur Geschichte der obligatorischen Verträge (1881) § 3 S. 23 f. besonders S. 29; Brunner, Zur Rechtsgeschichte der röm. und germ. Urkunde S. 51; Mitteis, Reichsrecht und Volksrecht S. 486 f.

Justinians ihr Verhältnis zum klassischen Recht klar gestellt werden muß, daß dies aber auch zu ihrem Verständnisse genügt.

Fassen wir nun das klassische (und wahrscheinlich zugleich vor Justinians Reform geltende) Kompensationsverfahren ins Auge, so sehen wir es im Hinblick auf die verschiedenen Klaggattungen dreifach geteilt. Im *bonae fidei iudicium* greift die Kompensation — nunmehr auch *ex dispari causa* — kraft des *officium iudicis* und in diesem Sinne *ipso iure*, d. h. ohne formell inserierte, oder, grundsätzlich wenigstens, am Eingang des Verfahrens vorzubringende *exceptio* — Platz. Bei den arbiträren Klagen wird die Kompensation durch den *arbitratus* bezw. das *arbitrium iudicis* vermittelt, soweit die Ansprüche in diesem Prozeßstadium ihrem Inhalt nach kompensabel sind, wie dies bei den persönlichen arbiträren Klagen, z. B. der *condictio de eo quod certo loco*, regelmäßig hinsichtlich der Klagforderung der Fall ist.[108] Die dinglichen Ansprüche dagegen sind in diesem Prozeßstadium der Kompensation nicht zugänglich, weil der Restitutionsbefehl, in welchem der Richter sein *arbitrium* zum Ausdruck bringt, sich auf die individuell beanspruchte Sache bezieht, wodurch die zur Kompensation erforderliche Gleichartigkeit des Anspruchsgegenstands ausgeschlossen ist. Daher sind die dinglichen Ansprüche vor Justinian regulärerweise der Kompensation überhaupt entzogen.[109] Es konnte nur durch

---

[108] Sollte die Formel der genannten Klage die jüngst von Gradenwitz, Zeitschr. d. Savignystiftung Bd. 24 S. 247 f. verteidigte freie Fassung gehabt haben, so kann an der Kompensationsmöglichkeit um so weniger gezweifelt werden.

[109] Dies dürfte durch die in ihrer Abgerissenheit allerdings ziemlich schwer verständliche l. 37 D. de V. S. 50, 16 bekräftigt werden. Sie bezieht sich aller Wahrscheinlichkeit nach auf die a. ad exhibendum (Lenel, Edictum § 90 S. 176).

l. 37 cit. Paulus lib. XXVI ad edictum: *Verbum „oportere" non ad facultatem iudicis pertinet, qui potest vel pluris vel minoris condemnare, sed ad veritatem refertur.*

Sie besagt hiernach, daß der Richter bei der Feststellung des Interesses des Klägers an der verweigerten Exhibition nur Rücksicht zu nehmen habe auf dasjenige, bezüglich dessen ein *„exhiberi oportet"* vorliegt; nur innerhalb dieser Schranke kann sich das freie Ermessen des Richters betätigen *qui potest vel pluris vel minoris condemnare;* vgl. § 31 I de act. 4, 6. Offenbar soll die Meinung abgewehrt werden, daß der Richter auf Grund dieser

Auferlegung von Kautionen geholfen werden, nach Maßgabe des Verfahrens, wie es oben bei Besprechung der l. 42 D. de mort. causa don. 39, 6 erörtert worden ist. Von den *actiones stricti iuris* endlich sind die mit *intentio incerta* auf Grund der Entgegensetzung von *exceptio doli* von vornherein kompensabel, die mit *intentio certa* dagegen nicht; ob letztere auf entgegengesetzte *exceptio doli* zur Kompensation gelangen, hängt davon ab, ob der Kläger sich zur prätorischen Stipulation bereit erklärt und damit seine Klage in eine solche mit *intentio incerta* verwandelt.

Mit den verschiedenen Wegen, welche das römische Kompensationsverfahren je nach der Natur der Klagforderung einschlägt, steht die besondere Art, mit der die römischen Juristen die Kompensationsfrage behandeln, im Einklang. Sie pflegen nämlich dort, wo wir direkte Erörterung der Kompensationsmöglichkeit erwarten, die Frage vielmehr in der unbestimmten Fassung zu verhandeln, ob der Richter „der Gegenforderung Rechnung tragen könne". Dies tritt besonders deutlich hervor in

l. 43 D. de pign. act. 13, 7: *Scaevola libro quinto digestorum. Locum purum pignori creditori obligavit eique instrumentum emptionis tradidit: et cum eum locum inaedificare vellet, mota sibi controversia a vicino de latitudine, quod alias probare non poterat, petit a creditore, ut instrumentum a se traditum auctoritatis exhiberet: quo non exhibente minorem locum aedificavit atque ita damnum passus est. quaesitum est, an, si creditor*

freien Stellung auch etwaige nicht in Zusammenhang mit der Exhibitionspflicht stehende Gegenansprüche des Beklagten *compensando* in Abzug bringen könne. Nur soweit der Gegenanspruch in engster Beziehung zum geltend gemachten Anspruche steht, besonders als Verwendungsanspruch, kann bei der Abschätzung die *deductio* durch den Richter vorgenommen werden, vgl. l. 52 § 2 D. fam. erc. 10, 2 und die am Schluß der Note angeführten Stellen. Dieses Ergebnis erklärt sich dadurch, daß die *actiones arbitrariae* den *actiones bonae fidei* hinsichtlich des Waltens der *aequitas* nicht in vollem Umfange gleichstehen. Lehrreich in dieser Hinsicht sind l. 27 § 5, l. 28, 38 D. de R. V. 6, 1, wo die Frage untersucht wird, wieweit das *officium iudicis* bei der *rei vindicatio* hinsichtlich der Berücksichtigung der Impensen reicht. Vgl. im übrigen Bethmann-Hollweg, Röm. Zivilprozeß II § 94 S. 287 f.; Birkmeyer, Exzeptionen im *bon. fid. iudicium* § 18 Note 5 S. 149, 167 f.; Eisele S. 79 f.; Pernice, Labeo II 1 (2) S. 235, 288 f.

pecuniam petat vel pignus vindicet, doli exceptione posita iudex huius damni rationem habere debeat. respondit, si operam non dedisset, ut instrumenti facultate subducta debitor caperetur, posse debitorem pecunia soluta pigneraticia agere: opera autem in eo data tunc et ante pecuniam solutam in id quod interest cum creditore agi.

Die Entscheidung muß aus dem klassischen Prozeßrecht ergänzt werden. Hiernach kommt es darauf an, ob der Kläger die *actio quasi Serviana*, oder die als *actio de certa credita pecunia (condictio certi)* zu denkende persönliche Klage erhebt. Ersterenfalls kann der Richter die vom Beklagten in diesem Prozesse einredeweise geltend gemachte Schadensersatzforderung immer nur dadurch berücksichtigen, daß er den Restitutionsbefehl an den Beklagten davon abhängig macht, daß der Kläger diesem Kaution wegen der Schadensersatzforderung bestelle und, wenn der Kläger sich weigert, den Beklagten absolviert.[109a] Letzterenfalls kommt die vom Juristen gemachte Unterscheidung zur Geltung. Ist der Schaden nicht vorsätzlich zugefügt worden, so kann die *exceptio* des Beklagten, da seine Forderung noch nicht fällig ist, nur zur Kautionsauflage an den Kläger führen. Ist der Schaden vorsätzlich zugefügt worden und also der Gegenanspruch aktuell, so droht der Prätor dem Kläger Insertion der *exceptio doli* in die *condictio* an, wenn er sich nicht zur Umformung der Klage auf dem Wege prätorischer Stipulationen herbeiläßt und dadurch die Kompensation ermöglicht. Beiden Klagen gegenüber kann der Beklagte bei vorsätzlicher Schadenszufügung durch den Kläger sich die oben näher erörterte günstigere Position durch Erhebung der Widerklage verschaffen. Der Jurist weicht also in unserem Fragment der gestellten Frage keineswegs aus.[110] Er formuliert vielmehr die Antwort so bestimmt, wie er sie in Ansehung der verschiedenen Möglichkeiten formulieren kann.[111]

[109a] Vgl. l. 11 D. de nox. act. 9, 4 und dazu PERNICE, Labeo II 1 (2) S. 290.

[110] Dies wird ihm sowohl von EISELE S. 78, als auch von A. PERNICE, Labeo II 1 (2) S. 304 vorgeworfen.

[111] Die von SIBER S. 7 Note 8 gebilligte Auslegung STAMPES (S. 62/63) halte ich daher nicht für zutreffend.

§ 9.

Dem gegenüber bringt Justinian im Eingang seines reformatorischen Gesetzes scharf die auf Vereinheitlichung des Verfahrens abzielende Tendenz zum Ausdruck:

l. 14 pr. C. h. t. 4, 31: „*Compensationes ex omnibus actionibus ipso iure fieri sancimus nulla differentia in rem vel personalibus actionibus inter se observanda.*"

Hierdurch wird der allgemeine Charakter der Neuerung in nicht mißverständlicher Weise festgelegt. Die Konstitution strebt die prozessuale Vereinfachung des Verfahrens durch Abschaffung der bestehenden Unterschiede und Allgemeineinführung des schlichten Kompensationsverfahrens, wie es im *bonae fidei iudicium* von jeher üblich war, an, und bringt damit zugleich die Annäherung des *stricti iuris* an das *bonae fidei iudicium* zum Abschluß. Für die arbiträren dinglichen Klagen ergibt sich hieraus die Konsequenz, daß sie in weiterem Umfange der gerichtlichen Kompensation zugänglich werden, weil im späteren Prozeßstadium, nach dem Restitutionsbefehl, vielfach Schadensersatzansprüche aktuell werden, die ihrem Inhalt nach zur Kompensation tauglich sind.[112] Daher wird ganz richtig in § 30 I. de act. 4, 6 über die Tragweite der Neuerung in l. 14 C. h. t. berichtet:

„*Sed nostra constitutio eas compensationes, quae iure aperto nituntur, latius introduxit, ut actiones ipso iure minuant sive in rem sive personales sive alias quascunque excepta sola depositi actione.*" Rel.

Auch hinsichtlich der *actiones in personam stricti iuris* bringt nämlich die erwähnte Konstitution eine Erweiterung der *ipso iure* mindernden Wirkung in dem Sinne mit sich, daß es nun nicht mehr einer Umbildung der Klagen mit *intentio certa* bedarf, um sie zur Kompensation geeignet zu machen; auch für sie soll nunmehr das Verfahren im *bonae fidei iudicium* direkt maßgebend sein, d. h. die Kompensation soll auf Vorschützen der Gegenforderung ohne Komplikation durch vorherigen Abschluß der prätorischen Stipulationen und darauf gegründete *actio incerta*

[112] Vgl. Dernburg S. 353 f.

einfach auf Grund des *officium iudicis* erfolgen.[113] Damit ist zugleich ausgesprochen, daß die Notwendigkeit, die Kompensation am Eingang des Judiciums vorzuschützen, entfällt. Endlich kann man nunmehr mit der *condictio* direkt das erreichen, was früher mit dieser Klage nur ausnahmsweise, nämlich durch eine dem Richter Spielraum gewährende Fassung der *condemnatio* erzielt werden konnte. Möglicherweise — es sei gestattet, dies als eine Vermutung auszusprechen — findet durch diese Entwicklung, welcher der Wegfall des *causa cadere* als Folge der Pluspetition parallel geht, die oft beobachtete Vorliebe der Kompilatoren für die *condictio* „*incerti*" ihre Erklärung.[114] Wie man sich auch die *intentio* der *condictio incerti* zur klassischen Zeit gefaßt denken mag,[115] so kann es doch keinem Zweifel unterliegen, daß die *condemnatio* als *incerta* gefaßt war und also die Verurteilung auf einen in der *condemnatio* nicht genannten Betrag ermöglichte.[116] Infolge der erwähnten Neuerungen Justinians breitete sich die *condictio* mit solch freiem Spielraum für die Verurteilung auf einem weiten Gebiete aus, das vorher teils von der *condictio certi*, teils von der *actio ex stipulatu* beherrscht worden war.

---

[113] Im Ergebnis kommt diese Auffassung der von Wieding, Der justinianische Libellprozeß S. 221 f.; Schwanert S. 28 f.; Bekker, Aktionen S. 356 f. und Eisele S. 186 f., 191 f. für das justinianische Recht vertretenen am nächsten.

[114] Vgl. über diese Vorliebe und über die Interpolation der Bezeichnung: Trampedach, Zeitschr. der Savignystiftung Bd. 17 S. 135 f.; v. Mayr Bd. 24 daselbst S. 259, Bd. 25 S. 231.

[115] Eine reichhaltige Übersicht über die verschiedenen Ansichten bei v. Mayr in der Zeitschr. der Savignystiftung Bd. 25 S. 203 f., 208 f.

[116] Vgl. Gai. IV 51, dazu die Bemerkung des Celsus in l. 26 § 12 D. de cond. ind. 12, 6: „*sed hae . . . operae recipiunt aestimationem, et interdum licet aliud praestemus . . . aliud condicimus*", endlich die Ausführung Gaius' in seinen Institutionen IV 68, wo hervorgehoben wird, daß bei der Klage des *bonorum emtor* die *condemnatio* auch bei der Klage *de certa pecunia* als *incerta* gefaßt wird („*incerti tamen condemnationem concipit*"). Hiernach ist es mir in hohem Maße wahrscheinlich, daß die *condictio incerti* der Kompilatoren die Verallgemeinerung eines Klagtypus ist, welcher in der klassischen Zeit sich darstellt als strikte, entweder als *repetitio* charakterisierte, oder auf den Negotienbegriff gebaute Klage mit *intentio certa* und *incerta condemnatio*.

Von dem hier gewonnenen Ergebnisse aus erhellt endlich der gesetzgeberisch politische Grund, welcher Justinian dazu führte, in l. 14 § 1 C. h. t. 4, 31 die Kompensation auf liquide Gegenforderungen zu beschränken. Durch die Neuerung war nämlich die automatische Regulierung in Wegfall gekommen, welche das frühere Recht insofern enthielt, als der Kläger bei schwer liquid zu stellenden Gegenforderungen die Erhebung der *condictio certi* wagen konnte, ohne befürchten zu müssen, sachfällig zu werden; nach der Neuordnung hätte der Richter kraft seines erweiterten Officiums die Kompensation schlechthin vornehmen müssen,[116a] wenn hier für die illiquiden Forderungen keine Beschränkung getroffen worden wäre.

Nach allem würde die Tragweite der Justinianischen Reform sehr einfach zu beurteilen sein, wenn sie lediglich aus l. 14 C. h. t. zu erschließen wäre. Das *ipso iure* bedeutete dann, daß die Kompensation zwar nicht eintrete, ohne daß der Beklagte die Gegenforderung *compensando* entgegensetze: daß die Berufung aber nicht an die prozessuale Form der *exceptio* gebunden sei, ihre Berücksichtigung vielmehr in jedem Stadium des Verfahrens kraft des richterlichen Officiums erfolge.[117] Zugleich wiese freilich die Wahl des Ausdrucks darauf hin, daß nunmehr bei Vorliegen der Voraussetzungen der Kompensation eine unbedingte Pflicht des Richters zu ihrem Vollzuge bestehe,[117a] die freie Stellung des alten Richters im *bonae fidei iudicium* also hiermit beseitigt sei. Dieses Ergebnis wird jedoch kompliziert durch die Existenz der

[116a] S. sogleich nach Note 117 im Text.

[117] Vgl. etwa l. 21 § 3 D. de pecul. 15, 1 und über die allmähliche Ausdehnung des *officium iudicis*: Bekker, Aktionen II S. 162 f., 169.

[117a] Als eine Übertreibung des letzten Gesichtspunkts müssen die bekannten Ausführungen des Theophilus in seiner Institutionenparaphrase, die der weitergehenden materiellrechtlichen Auffassung des *ipso iure* zur Hauptstütze gedient haben, angesehen werden. *Ταῦτα μὲν οὖν ἐκ τῶν παλαιοτέρων διατάξεων· ἡ δὲ τοῦ ἡμετέρου βασιλέως παρακελεύεται διάταξις, τὰς σαφεῖς καὶ ἀναμφιβόλους κομπεσσατίωνας ipso iure μειοῦν τὴν ἀγωγὴν, εἴτε in rem ἐστὶν εἴτε περσοναλία· οἷον, ἔχει τις, κατ᾽ ἐμοῦ ἀγωγὴν ἢ strictum ἢ καὶ bona fidei περὶ ι νομισμάτων ἀντεποφείλει δὲ μοι γ′ νομίσματα· αὐτῷ τῷ νόμῳ ἅμα τῷ ἀντεποφειληθῆναι ἡ κατ᾽ ἐμοῦ ἀγωγὴ μειοῦται τρισὶ νομίσμασιν, ὡς μηκέτι με ι, ζ′ δὲ μόνον ἐποφείλει νομίσματα.*

anderen *ipso iure*-Stellen, in denen die Bedeutung des „*ipso iure*“ sich nur zum Teil mit der hier in Betracht kommenden des Gegensatzes zur inserierten, bezw. objizierten *exceptio* deckt.

§ 10.

Hierauf ist nun noch näher einzugehen. In betreff der außer der l. 14 C. h. t. bereits erörterten *ipso iure*-Stellen (l. 4 u. l. 21 D. h. t. 16, 2) hat sich mit einer an Gewißheit grenzenden Wahrscheinlichkeit herausgestellt, daß das „*ipso iure*“ nicht interpoliert, sondern klassisch ist.[118]

In l. 4 D. h. t. (s. oben S. 14 f.) bedeutet es in einem Spezialfalle erbrechtlicher Kompensation, daß der Bürge keiner *exceptio* bedarf, um die Verpflichtung des Gläubigers zur Kompensation geltend zu machen, deckt sich also im praktischen Erfolge mit der Vorschrift der l. 14 C. h. t. 4, 31. In l. 21 h. t. (s. oben S. 46 f.) werden die Folgerungen abgelehnt, die aus dem prozessualen Mittel, welches im alten Recht die Kompensation herbeiführte, auf die Notwendigkeit der *cautio pro rato* gezogen werden konnten. Diese beiden Stellen bildeten bisher eine wichtige Stütze derjenigen Auffassung, welche, wenigstens für das vorjustinianische Recht, dem *ipso iure* eine über die prozessuale Bedeutung hinausgehende Einwirkung in dem Sinne vindiziert, daß die Forderungen sich bereits im Augenblick ihres Gegenübertretens materiell affizieren.[119] Ist die oben gegebene neue Auslegung dieser Stellen zutreffend, so ist ihre Beweiskraft für jene Auffassung gebrochen.

Betrachten wir weiter das *ipso iure* der l. 10 pr. D. h. t. 16, 2: *Ulpianus libro sexagesimo tertio ad edictum. Si ambo socii parem neglegentiam societati adhibuimus, dicendum est desinere nos invicem esse obligatos ipso iure compensatione neglegentiae facta. simili modo probatur, si alter ex re communi aliquid percepit, alter tantam neglegentiam exhibuerit, quae eadem quantitate aestimatur, compensationem factam videri et ipso iure invicem liberationem.*

[118] Dies gegen Appleton S. 428 f. und teilweise gegen Eisele S. 166/167 und Stampe S. 23.

[119] Vgl. besonders Schwanert a. a. O. S. 37—42.

Das *ipso iure* nimmt hier auf den besonderen Charakter des Gesellschaftsrechts Bezug. Das *ius fraternitatis*, das zwischen den Gesellschaftern besteht (l. 63 pr. D. pro socio 17, 2), führt in weitem Umfange zu einer Ersetzung des strengen geschäftlichen Standpunkts durch die Erwägung, daß jeder Gesellschafter den anderen nehmen müsse wie er ist und ihm freundliche Nachsicht schulde. Hierauf beruht nicht nur das *beneficium competentiae* und der dem Gesellschaftsrecht eigentümliche individuelle Haftungsmaßstab (*diligentia quam suis*), sondern auch die hier statuierte eigenartige Verschuldungskompensation.[120]

Damit verliert auch dieses Fragment die Tauglichkeit, die Idee einer von vornherein eintretenden gegenseitigen materiellrechtlichen Einwirkung der Forderungen aufeinander allgemein zu begründen. Ein letzter Rückhalt bleibt der materiellrechtlichen Auffassung nur noch in denjenigen Stellen, in denen die Hemmung und gegebenenfalls der Ausschluß des Zinsenlaufs vom aufrechenbaren Betrage als Folge des Gegenübertretens der Forderungen bezeichnet wird.

Hierfür kommen, ihrer mutmaßlichen zeitlichen Ordnung nach, die Stellen:

l. 11, 12 D. h. t. 16, 2, l. 4, 5 C. h. t. 4, 31, l. 7 C. de solut. 8, 42 in Betracht.

Was die l. 11 betrifft, so ist von Lenel[121] dargetan worden, daß die Inskription unrichtig ist und die Stelle nicht aus Ulpians, sondern aus Paulus' Ediktskommentar stammt. Da Paulus in dem in Frage kommenden 32. Buche von der Gesellschaft handelte, so ist es wahrscheinlich, daß das Fragment sich ursprünglich auf die Kompensation der Gesellschafter untereinander be-

[120] Auch Eisele S. 174 (andeutungsweise schon Dernburg S. 335) führt die Erklärung der Stelle auf *ius singulare* des Sozietätsverhältnisses zurück; er begründet dies damit, daß der Sozietätsvertrag eine vertragsmäßige Kompensation in sich schließe. Vgl. auch Appleton S. 84. Hier erhebt sich aber die weitere Frage, weshalb denn solche stillschweigende Vereinbarung anzunehmen sei. Darauf versucht der Text die Antwort zu geben. Abweichend: Lenel, Zeitschr. der Savignystiftung IV S. 119.

[121] Zeitschr. der Savignystiftung Bd. 4 S. 119 Note 23; Edictum § 109 S. 236 Note 8; Palingenesia I 1033 Paul. 500.

zog.[122] Dies wird durch sachliche Erwägungen bestätigt. Zur Begründung seiner Entscheidung nimmt Paulus auf eine Konstitution des *„divus Severus“* Bezug. Diese ist uns zwar nicht erhalten,[123] wohl aber in l. 4 C. h. t. 4, 31:

Imp. Alexander A. Flavio et Luciano. Si constat, pecuniam invicem deberi, ipso iure pro soluto compensationem haberi oportet ex eo tempore, ex quo ab utraque parte debetur, utique quoad concurrent quantitates, eiusque solius, quod amplius apud alterum est, usurae debentur, si modo petitio earum subsistit. Dat. XVII. Kal. Octobr. Alexandro A. III. et Dione Conss. [229.]

ein Reskript des Alexander Severus vom Jahr 229, bei welchem verschiedene Umstände dafür sprechen, daß es sich ebenfalls um die Aufrechnung von Forderungen handelt, welche Gesellschafter gegeneinander hatten. Vorerst nämlich zeigt die Wendung: *„ipso*

---

122 Vgl. auch Appleton S. 85/86.

123 Cuiacius nahm allerdings an, daß sie mit dem gleich zu erörternden Reskript des Alexander Severus (l. 4 C. h. t. vom Jahr 229) identisch sei, Notae ad Lib. XVI Dig. Ed. Venet. X S. 409 E. Dem ist, solange man die Digestenstelle Ulpian zuschrieb, mit Recht entgegengehalten worden, daß Ulpian, der im Jahr 228, mithin vor dem gewaltsamen Tode des Alexander Severus ermordet wurde, diesen nicht als *„divus“* bezeichnen konnte, also eine Konstitution des Septimius Severus im Auge gehabt haben müsse. Nachdem das Fragment dem Paulus zurückgegeben worden ist, trifft dieses Argument nicht mehr ohne weiteres zu; denn Paulus' Todeszeit ist nicht bekannt, es ist möglich, daß er den Alexander Severus überlebte, und diesen also nach seiner Konsekration als *„divus“* bezeichnen konnte. Trotzdem geht noch jetzt die weit überwiegende Wahrscheinlichkeit dahin, daß Septimius, nicht Alexander gemeint ist. Einmal ist der Abschluß des Paulinischen Ediktskommentars aller Wahrscheinlichkeit nach schon vor dem Regierungsantritt des Alexander Severus erfolgt (der letzte bisher angenommene Termin geht auf Elegabal, s. Karlowa, Röm. Rechtsgeschichte I S. 749); dem könnte vielleicht mit der Annahme begegnet werden, daß das *„divus“* bei einer späteren Revision des Werkes vom Autor eingefügt worden sei. Aber die Beziehung des Digestenfragments auf Alexander Severus scheitert daran, daß seine Bezeichnung als *divus Severus* nicht nur die Verwechslung mit Septimius nahe gelegt hätte, sondern auch mit dem sonst nachweisbaren Gebrauch in Widerspruch steht; Alexander Severus heißt durchgängig, auch bei Paulus, „Alexander“ (Imperator Alexander Augustus, *Αὐτοκράτωρ Ἀλέξανδρος*) vgl. l. 87 § 3 D. de leg. II (31), l. 1 pr. D. si pendente appell. 49, 13. Weitere Belege sind aus Haenels Corpus legum S. 157 f. ersichtlich.

iure pro soluto haberi oportet ex eo tempore, ex quo ab utraque parte debetur" eine auffallende Übereinstimmung mit Ulpians Begründung in l. 10 pr. D. h. t. 16, 2 „*compensationem factam videri et ipso iure invicem liberationem*"; letztere aber bezieht sich ausschließlich auf die Kompensation im Gesellschaftsverhältnis.

Weiter deckt sich der Tatbestand und die Rechtsfrage der Stelle insofern, als die Wirkung des Gegenüberstehens der Forderungen auf den Zinsenlauf in Frage steht, mit dem Paulusfragment (l. 11 D. h. t.), für welches die Beziehung zur Sozietät mit großer Wahrscheinlichkeit angenommen werden kann. Endlich findet so der Umstand eine befriedigende Erklärung, daß zwar in l. 4 C. h. t. die *ipso iure*-Konstruktion auftritt, in dem Fall der l. 5 C. h. t. 4, 31, welche aus demselben Jahre stammt und die Frage der Zinsenhemmung bei der Kompensation einer Fideikommißforderung gegenüber erörtert, dagegen nicht. Alle diese Momente stützen einander gegenseitig. Hiernach läßt sich für l. 4 C. h. t. wie für l. 11 D. h. t. der Satz aufstellen, daß sie ebenso wie l. 10 pr. D. h. t. singuläres Recht für die Kompensation im Sozietätsverhältnis enthielten. l. 5 C. zeigt uns die Ausdehnung auf einen anderen Fall, wo ein dem *ius fraternitatis* ähnlicher Billigkeitsgrund dafür sprach, das für die Sozietät geltende Kompensationsrecht zu erweitern.[124]

Die Kompilatoren haben augenscheinlich bewußt die Spuren der Herkunft der dem Gesellschaftsrecht entstammenden Stellen verwischt, um sie zu verallgemeinern. Die Erkenntnis ihres ursprünglichen beschränkten Geltungsgebiets ist aber deshalb von Bedeutung, weil nur daraus der Sinn der *ipso iure*-Konstruktion erschlossen werden kann. Es erschien als Ausfluß des *ius fraternitatis*, welches zwischen den Gesellschaftern anerkanntermaßen bestand, daß der von einem Gesellschafter schuldhaft verursachte

[124] Die Spur dieser Ausdehnung findet sich in dem „*etiam*" der Stelle. Bis dahin war die Zinsenhemmung nur bei der Sozietät Rechtens. Hierbei ist es nicht überflüssig, darauf hinzuweisen, daß die Berechtigung des Gesellschafters, von seinen Auslagen Zinsen zu fordern, nur zögernd anerkannt worden ist: l. 67 § 2 D. pro socio 17, 2. Erst l. 7 C. de solut. 8, 42 vom Jahr 244 zeigt, daß nunmehr die Hemmung des Zinsenlaufs als Folge der Inanspruchnahme der Kompensation allgemein eintritt.

Schaden insoweit, als auch den anderen ein gleichartiges Verschulden traf, ohne Rücksicht auf seine Höhe gegen den vom anderen herbeigeführten wettgeschlagen wurde; daß ferner, wenn den anderen Gesellschafter kein solcher Vorwurf traf, dieser aber Einnahmen aus der gemeinsamen Sache erhoben und noch in Händen hatte, Schaden und Vorteil wenigstens zum deckenden Betrage bei der Rechnungslegung ohne weiteres ausgeglichen wurden; daß endlich der eine Gesellschafter nicht von seiner Forderung, soweit sie durch die Gegenforderung gedeckt war, höhere Zinsen berechnete, als der andere berechnen konnte. Letzteres war in der Konstitution des Septimius Severus, welche Ulpian und Paulus als Konsiliare des Alexander Severus vor Augen hatten, wohl grundsätzlich zum Ausdruck gebracht. Immerhin bedarf es selbst hier noch eines besonderen Vollzugsaktes, möge dieser im konkreten Falle in einem Kompensationsvertrage oder in gerichtlicher Kompensation bestehen. Dieser Sachlage sucht die l. 4 C. h. t. 4, 31 gerecht zu werden. Denn löst man die starke Breviloquenz der Fassung auf, so besagt die erwähnte Stelle: Wenn die Voraussetzungen der Kompensation vorliegen, so soll es nach Vollzug der Kompensation von Rechts wegen (nämlich kraft des Inhalts des Gesellschaftsrechts, das in diesem Punkte überdies durch die Severische Konstitution authentisch interpretiert ist) so angesehen werden, als wären die gegenseitigen Forderungen in ihrem sich deckenden Betrage bereits im Augenblick ihres Gegenübertretens[125] wie durch Zahlung befriedigt worden.

Es erhellt ohne weiteres, wie die hier gegebene theoretische Begründung in dem Augenblicke, wo ihre besondere Beziehung zum Gesellschaftsrecht nicht mehr erkennbar war, unverständlich werden und zu falschen Deutungen führen mußte. Ist einmal diese besondere rein historische Beziehung des Ausspruchs erkannt, so ist er unschädlich gemacht. Die theoretische Begründung der Zinsenhemmung in dem erweiterten Umfange ist dann selbständig zu finden; das „*ipso iure*“ ist zur bloßen Konstruktion des Gesetzgebers geworden, die den Interpreten nicht bindet.

[125] Im Reskript wird die adverbial gebrauchte Perfektform statt des Substantivums „*pro solutione*“ gewählt, weil letzteres die Rückwirkung nicht zum Ausdruck gebracht haben würde.

Von diesem Standpunkt aus läßt sich die Erscheinung der Zinsenhemmung mit gewissen anderen Eigentümlichkeiten unter dem Gesichtspunkt zusammenfassen, daß schon das Gegenüberstehen der Forderungen, weil es den Zahlungszwang aufhebt, jedem der beiden Gläubiger den — vorläufigen — Genuß desjenigen Kapitals verschafft, welches dem aufrechenbaren Betrage ihrer Forderungen äquivalent ist. Dieser Gesichtspunkt ist zuerst von G. Kretschmar, Secum pensare S. 26 zur Erklärung der Sistierung des Zinsenlaufs aufgestellt und durchgeführt worden.[126] Aus den vorstehenden Ausführungen erhellt, daß ich diesen Gedanken allerdings nicht für denjenigen halte, der ursprünglich die hier in Betracht kommenden *ipso iure*-Stellen hervorgetrieben hat; wohl aber wird er am besten der Lage gerecht, wie sie durch die Ausdehnung der Regel über das Gesellschaftsrecht hinaus geschaffen worden ist.

Es ergeben sich aber daraus noch weitere wichtige Konsequenzen für die Kompensationslehre. Es wird hierdurch vor allen Dingen verständlich, daß das Anbieten vertragsmäßiger Kompensation wie Zahlungsangebot, ja unter Umständen sogar stärker wirkt. Jeder der beiden Gläubiger (und zugleich Schuldner) hat vom Augenblick des Gegenübertretens der Forderungen, da er seine fällige Forderung nunmehr nicht zu zahlen, den hierzu erforderlichen Betrag also nicht zu entbehren braucht, bereits den vorläufigen Genuß des dem aufrechenbaren Betrage seiner Forderung entsprechenden Kapitals.[127] Um diese Wirkung zur definitiven zu machen, bedarf es nur noch des Vollzugs der Kompensation. Der Vollzug wird nun freilich durch die einseitige außergerichtliche Erklärung, kompensieren zu wollen, noch nicht herbeigeführt.[127a]

Wohl aber enthält sie ein Angebot zur vertragsmäßigen Kompensation, also die Deklaration des Willens des einen Schuldner-Gläubigers die definitive Befriedigung des Gläubigers (und damit zugleich seiner eigenen Forderung) durch einen Akt her-

[126] Vgl. auch Geib S. 24 f.; Siber S. 68 f.

[127] G. Kretschmar a. a. O.

[127a] Wegen der abweichenden Auffassung F. Leonhards s. weiter unten und Geib S. 25 f., 29 f.

beizuführen, welcher betreffs der Befriedigungswirkung der Erfüllung gleichsteht. Weist der Gegengläubiger dies zurück, so liegt die Vereitelung der definitiven Befriedigung lediglich bei ihm. Insofern, als er trotzdem bereits vorläufige Deckung hat, steht er nicht dem Gläubiger gleich, welchem Erfüllung lediglich angeboten worden ist, sondern demjenigen, zu dessen Gunsten der geschuldete Betrag vom Schuldner, allerdings mit Widerrufsmöglichkeit, hinterlegt worden ist.[128] Bedenkt man dies, so wird die Entscheidung einer Stelle verständlich, welche an sich den Gedanken nahe legen könnte, daß wenigstens im späteren römischen Rechte die Kompensation auch durch einseitige außergerichtliche Erklärung habe vollzogen werden können. Es ist dies die

l. 12 C. h. t. 4, 31 vom Jahre 294: *Impp. Diocletianus et Maximianus Lucio Cornelio: Invicem debiti compensatione habita, si quid amplius debeas, solvens vel accipere creditore nolente offerens et consignatum deponens de pignoribus agere potes.*

Die auf Grund vorheriger Rechnungsoperation ergehende Erklärung, aufrechnen zu wollen (*Invicem debiti compensatione habita*)[129] reicht in Verbindung mit dem Angebot bezw. formgerechter Hinterlegung des hierdurch nicht getilgten Restes der Forderung hin, die Befreiung der Pfänder herbeizuführen. Materiell ist dies durch die obige Erwägung gerechtfertigt. Für den Verfasser des Reskripts war die Auseinandersetzung mit der Formel der *a. pigneraticia directa*[130] erforderlich:

„*Si paret, A. A. N. N. rem q. d. a. ob pecuniam debitam pignori dedisse eamque pecuniam solutam eove nomine satisfactum esse aut per N. N. stetisse, quominus solveretur, eamque rem A. A. redditam non esse quanti ea res erit N. N. A. A. c. s. n. p. a.*

---

[128] Die hier behauptete rechtliche Parallele wird durch l. 19 C. de usur. 4, 32 außer Zweifel gestellt. Vgl. im übrigen l. 7 D. de usur. 22, 1. Hier wie dort ruht das Recht des Gläubigers bis zu dem Augenblick, wo die deponierte Sache zurückgenommen, oder die Kompensationsbereitschaft nicht aufrecht erhalten wird. Teilweise abweichend Geib S. 37 f.

[129] Darüber, daß „*compensatio*" keineswegs notwendig die Wirkung der Forderungsaufhebung infolge Vollzugs des Kompensationsaktes, sondern auch das Kompensationsangebot bezeichnet, vgl. die treffenden Ausführungen Geibs S. 16 f.

[130] Sie wird hier nach Lenel, Edictum § 99 S. 201 angeführt.

Es liegt auf der Hand, daß infolge der fiktiven Gleichstellung der durchgeführten Kompensation mit der Zahlung, welche l. 4 C. h. t. enthält, die Schlußklausel der *a. pigneraticia directa* zutrifft. Denn der Schuldner hat durch sein Kompensationsanerbieten alles getan, um den Gläubiger wie durch Erfüllung zufrieden zu stellen, und nur am Gläubiger, der den Vollzug der Kompensation verweigert, liegt es, daß der definitive Befriedigungseffekt noch aussteht.[130a]

Zum Schluß ist kurz die Frage zu erörtern, welche Bedeutung die neue Auffassung der geschichtlichen Entwicklung des Kompensationsverfahrens für das Verhältnis von vertragsmäßiger und gerichtlicher Kompensation hat.

Die gerichtliche Kompensation der klassischen Zeit enthielt insofern ein vertragsmäßiges Element, als die Parteien bei *intentio certa* der Klage und Bestrittenheit der Gegenforderung nur dadurch zur Kompensation gelangen konnten, daß sie durch Stipulationen die Grundlage für eine *actio incerta* schufen. Aber das Vertragselement beschränkt sich auch auf Schaffung dieser prozessualen Unterlage. Vollzieht der Richter die Kompensation, so bedeutet dies nicht das Erkenntnis, daß der Kläger zu kompensieren schuldig sei und gleichzeitige Vollstreckung dieses Erkenntnisses.[131]

Der Kompensationsvollzug ist vielmehr die reine Konsequenz daraus, daß das Klagverlangen des Gläubigers auf die dem Beklagten infolge seiner Kompensationsbereitschaft zuständige *exceptio doli* trifft. Daß der Dolusgesichtspunkt hier zum Kompensationsvollzuge führt, nicht wie bei der *intentio certa* zur Klagabweisung, folgt aus dem Inhalt der Formel, welche dem Richter ermöglicht, auf den Überschuß zu erkennen.

Diese prozessuale Behandlung der Kompensation im klassischen Recht gewährt einen sicheren Rückschluß darauf, daß auch auf materiellem Rechtsgebiet ein Vertrag der Parteien zur Herbei-

[130a] Die apodiktische Behauptung F. Leonhards S. 93, die Stelle beweise, daß der Schuldner sich durch seine einseitige Aufrechnung von der Schuld befreien könne, ist daher nicht gerechtfertigt. Noch weniger kann die l. 20 § 2 D. 40, 7 zum Beweise dieses Satzes dienen, wie Siber S. 20/21 treffend darlegt.

[131] Darauf läuft bekanntlich die Lehre Eiseles S. 248 f., 380 f. hinaus. Vgl. dagegen Geib S. 69 f., 80 f.

führung der Kompensation erforderlich war. Denn schon zur bloßen Schaffung einer Beziehung, welche den Kompensationsvollzug ermöglicht, ist, wenigstens bei Forderungen *ex dispari causa* und auf dem Gebiet des *ius strictum*, abgesehen von den besonderen Fällen des *argentarius* und des *bonorum emtor*, Parteivertrag erforderlich. Wie wäre damit die außergerichtliche Herbeiführung der Forderungstilgung durch einseitige Kompensation verträglich gewesen?

In den Quellen tritt die außergerichtliche vertragsmäßige Kompensation der gerichtlichen gegenüber auffallend zurück. Man wird kaum fehl gehen, wenn man den Grund darin sucht, daß der formlose Aufrechnungsvertrag wegen seiner wenigstens im älteren Recht regelmäßig bloß exzeptivischen Wirkung[132] im Rechtsleben wenig beliebt war; gewöhnlich wurde der Weg gewählt, nach vorgängiger Abrechnung die gegenüberstehenden Forderungen durch Akzeptilationen zu tilgen und den Saldo neu zu stipulieren.[133] Da hier das Schlußergebnis nicht durch die Aufrechnung als solche, sondern durch einen zusammengesetzten Formalakt herbeigeführt wird, so verschwindet das Aufrechnungsgeschäft hinter dem abstrakten Vollzugsgeschäft.

Mit der Änderung des gerichtlichen Kompensationsverfahrens durch Justinian ist der hauptsächlichste Antrieb in Wegfall gekommen, die „*contributio*“, welche den Kompensationsvollzug ermöglicht, als einen besonderen vertragsmäßigen Akt zu denken. Es wird die Entwicklung begreiflich, welche, zunächst in der Praxis, dann in steigendem Maße in den modernen Kodifikationen zur Auffassung der Kompensation als einseitigen materiellen Rechtsgeschäfts geführt hat.

[132] Vgl. Eisele S. 247; abweichend Siber S. 51 f.

[133] l. un. C. de errore calc. 2, 5, l. 23 D. de accept. 46, 4, vgl. l. 47 § 1 D. 2, 14. Die Beliebtheit dieser Form geht schon daraus hervor, daß in der erstgenannten Quellenstelle der Zweifel berührt wird, ob das Geschäft der Parteien sich als reine Abrechnung, oder als Vergleich darstellt, somit das Geschäft der Form nach beides sein konnte. Der Vergleich aber kleidet sich mit Vorliebe in die Form der *Aquiliana stipulatio* mit nachfolgender *acceptilatio* und daran sich schließender Stipulation. Auf solche Stipulation des Saldos in unserem Fall deutet das „*promisisti*“ der Stelle.

Quellenregister.

Die großen arabischen Ziffern bezeichnen die Seite, die kleinen die Noten. Die abgedruckten Stellen sind durch ein †, die auf neue Art erklärten durch ein * kenntlich gemacht.

I. Vorjustinianische Quellen.

II. Justinianische Quellen.

MIX
Papier | Fördert
gute Waldnutzung
FSC® C083411

Kolibri 360 GmbH
Ferdinand-Jühlke-Straße 7
99095 Erfurt, Deutschland
produktsicherheit@kolibri360.de